伊朗
15天 Iran 小旅行

曹嘉芸

著

To Travel Is To Live

CONTENTS 目錄

DAY

準備出發

Taipei・台 北・JUL 8/Fri

寫在最前面

去伊朗是好久以前就有的念頭了,但
因為簽證不好取得,而一直延宕至
今。早在今年年初,就想著趁暑假去
伊朗。在網路上看見有網友藉上網申
請,取得伊朗簽證的核准文號,直接
搭機於德黑蘭機場(IKA)落地時領
取,並付70美元的簽證費。這個方
法看起來比以往容易許多,恰好之前
的旅伴──育胤也有意一同前往,就
決定去了。

(P.S.現已無法上網申請簽證核准文
號,可改由德黑蘭旅館代為申請,於
落地時領取簽證。)

不過五月份開始準備搬家，為新家裝潢、打包家當等事忙得不可開交，本以為這趟旅程得因此取消了。幸好，育胤自告奮勇先上網查詢簽證申請等相關事項，並且幫我也取得簽證核准文號。混亂之中，我只有自己上網預定了亞航（Air Asia）機票而已。這一趟旅行除了我們兩個以外，還有另外兩個育胤的朋友──小玲與麗榕，好久沒有這麼多人出遊了，很熱鬧！

亞洲航空（Air Asia）

這是我們能找到飛伊朗最便宜的航空公司了，而且上網訂位還蠻方便的，由台北飛吉隆坡再轉往德黑蘭，來回含稅、行李、機場巴士、刷卡手續費等，約3萬元左右。唯一的缺點是，去回程都無法轉接當天的航班，必須在吉隆坡過一夜。不過，這也是一個優點，可以順便在馬來西亞玩一玩，入境免簽證，也不怕飛機誤

點錯過了下一班飛機。廉價航空的一個大問題就是無法改期班，錯過了，不論任何原因，都得重新買一張新的機票。亞航的計費方式跟一般航空公司不一樣，除了基本運費之外，行李有15kg（NT.485）、20kg（NT.660）、25kg可以選，但不可以不選。另外還可以選位置，選位置有2種價錢，一個是普通座位（約NT.350），另一種是熱門座位（Hot Seat，約NT1,000）。熱門位就是座艙各段第一排、逃生口前那種比較寬的位置。如果不必與同行者坐在一起，不選位置由亞航分配的話就不用加錢。

訂票同時還可以訂購由機場到市區的來回巴士票，價格便宜，折合台幣142元。當然廉價航空是不供餐的，所以也可先預訂餐點，也可以上機後再跟空服員付費購買。

入境吉隆坡

飛機還蠻準時的於15：55起飛了，整路氣流不太穩定，一路搖搖晃晃的抵達吉隆坡，降落時已是20：

‧亞航網站訂購電話SIM卡的領取處。

20了。亞航不是停吉隆坡國際機場（KULA）而是降落在另一個稱為LCCT的機場。這個機場十分陽春，連與航站相連的空橋都沒有，只架了梯子讓你自己走下飛機。因為飛機內外溫差很大，一下機，我的眼鏡及相機保護鏡上立刻出現一片水氣。

現在入境馬來西亞享有14天免簽證，填妥入境表格後，就可以排隊等待入境查驗了。因為人蠻多的，所以排隊排了近40分鐘。按指紋登錄後，他會在護照上貼小紙片並蓋上入境章就完成了。

機場巴士

出機場後，一路往左手邊走，晚上9點多了，機場外還是很熱鬧，人車都很多。外面有麥當勞、星巴克……等，過兩天若太早到機場，也不怕沒地方去了。亞航真的很妙，我雖然有訂巴士，但是櫃台卻沒給我票。上車之前，我們只是聽說把網路上印下來的收據拿給收票員看即可。真的，我們就這樣上車了，查票時給他看，他發給我們一張車票。

· （上）車票。
· （中）機場巴士。
· （下）YMCA 旅館的雙人房。

· YMCA樓下的小吃攤。

機場離市區還真遠，足足搭了1.5小時左右的車，這還是沒有塞車的狀況咧！下車時，車票被撕走一半，另一半不知道是不是回機場時要搭的，可得好好收著，別弄丟了。

下車的地方是KL Sentral，而我們預訂的旅館YMCA就在附近而已，如果不是因為找不到路，其實還蠻近的。住的地方旁邊就有一家7-11，可以補充飲水、食物。還有一排小吃攤，營業的時間到很晚，吃宵夜很方便的。

DAY 2

巧遇馬來西亞首次的
集會遊行

採買頭巾

Kuala Lumpur・吉隆坡・JUL 9/Sat

早上吃早餐時，看這裡的報紙，有提到今天有3個集團預定進行未經許可的集會遊行，有關當局呼籲，要民眾不可前往市區的幾個大點集會，並宣布某些路段將進行封閉及管制。這件事讓我們有點擔心，因為不知道會有什麼情況出現。

早餐後，因為小玲及麗榕需要去買頭巾，所以我們先前往KL Sentral站。這個站有多線輕軌電車（LRT）匯集，算是一個大站，從這裡還有往機場的電車、巴士。馬航、國泰等幾家航空公司甚至可以直接在車站內Check-in行李，相當方便。車站內像是個購物中心，有賣衣服、鞋子、頭巾等商店及禮品店、飲食店，能打發一些等車的時間。

不過，這裡賣頭巾的是一個男生，感覺很怪，又不能叫他幫我們試包看看，還是算了吧！搭上粉紅色線的LRT到Pasar Seni站，旅館櫃台的小姐說這邊有市場。LRT是依距離計費的，最便宜從RM1起跳，在這邊搭車算蠻便宜的。

· （上）Pasr Seni 站外異常寧靜。
· （下）天橋上等著看看熱鬧的人群。

下車之後，路上景象非常奇怪，將近11點了，卻很少商店開門，也沒有看見車子，久久才看到一台摩托車。天橋上站了一堆不知道在等什麼的人群？等遊行還是等看熱鬧呢？看來這裡應該沒啥好逛的，轉往KLCC──雙子星塔前的購物中心看看好了。中午在4F的Madam Kwan' s用餐後，一直在裡面逛，累了到星巴克喝杯咖啡，看看當地人包的頭巾。仔細研究，頭巾的樣式、包法真是很多種，有方型的、長條型的、頭套式的、蒙面的……。到底要選哪一種好？其實我們也不知道，只希望好弄一點、不要太熱就好。

討論過後，小玲她們決定回 K L Sentral車站買個頭套式的馬納，能進伊朗就好。沒想到走到LRT車站才知道，包含KL Sentral在內有4站是關閉

的，應該是有人聚集了吧！我們只好多搭一站，再想辦法回YMCA。

電車經過封閉的車站時會減速但不停，站內看起來也空蕩蕩的，一直到車子出了地面，我們早上下車那裡，才看到有警民對峙的局面，還有煙霧迷漫，應該是使用了某些可以驅散人群的東西吧！原來，這裡的集會遊行是這麼晚才開始唷，都快4點了耶！當車子經過KL Sentral時，店都關了，看來今天可以直接回YMCA去，晚上也別指望去逛什麼夜市了。

哇～下一站好遠，想到要走回去就累。路邊雖然有計程車，卻不願意載我們回KL Sentral。這時，突然有一輛公車停下來，並有人下來招呼「KL Sentral」，哦！YA！快上車，車資RM1，給1張用熱感應紙印的收據。

當車子開到YMCA前的大馬路，果然看到聚集的人群及封路的警察，還有一堆在拍照的觀光客。迅速拍好照後，為免遭波及，我們選擇繞路而行，快快回到YMCA才是上策！

- （上）KL Sentral 站內購物商場。
- （中）示威遊行的群眾。
- （下）車資收據。

Tehran・德黑蘭・JUL 10/Sun

快給我簽證吧!

吉隆坡計程車

早上因為趕時間去見育胤的朋友,我們選擇搭計程車。KL Sentral的計程車排班處很有趣,計程車叫我們進站去買票,把要去的地方告訴櫃台,他會告訴你多少錢,付錢拿票再去搭計程車,這種做法還挺聰明的,不用跟司機雞同鴨講,也不怕被敲竹槓。

在吉隆坡這幾天天氣都不太理想,當我們拖著行李要去搭機場巴士時,竟然下雨了!還好YMCA只要過二個路口,即可進入高架橋下,沿著橋下走一小段,就到搭車處了。

亞航真的十分奇妙,上車之後,又要求我們給他看機票收據,再發給我們一人一張票!而且看了、發完也沒做任何記號,難道不怕有人坐霸王車嗎?白天,車子開的比較快,1小時左右就到機場了。雖然是廉價航空機場,但也是很多人、車,強強滾勒!用自助Check-in機器印出登機證後,還是得去排隊掛行李。就在輪到我們時,因為護照上沒有伊朗的簽證,亞航的地勤小姐要求我們每人得出

示100美元給她看，以及旅館的預約證明（要用落地簽的方式入境國家時，建議都先訂好一晚住宿，上機或是辦簽證時比較不會有問題。）看來已蠻多人搭此航線進伊朗，亞航已有統一的做法，也不會跟地勤盧太久。

趕飛機

廉價機場都沒有空橋設計，不是走到登機門飛機就到了！出了登機門後，每架飛機都長得一樣，還得問地勤人員是哪一架。因為通關之後，還等著裝水（P.S.只看到一台飲水機），搞到我們一路狂奔去趕飛機，深怕延誤了時間遭人白眼！

· （上）計程車購票處。
· （下）付費後拿到的收據。

因為這是長程段，所以我多付了110RM選了逃生門前的坐位（Hot Seat），可以把腳伸長長的比較舒服。這個位置的確可以把腳伸很長，但是飛機搭久了，都會有人站起來走動，而且就站在你前面。站就算了，他們還很吵，會一直聊天，吵到我都無法睡覺。伊朗人似乎都很愛聊天，認識及不認識的都可以聊，我在前段這邊講話的人似乎還算少的，機艙的後半段全程好像都處於沸騰當中。

更奇怪的是竟然有提供飲料及飛機餐？我和育胤因為沒訂餐，上機之前還去買了炸雞，

· Mehr Hotel 名片。

看到每個人都有餐時，有點傻眼。而且還跟有付錢的麗榕她們吃得是一樣的餐點，為什麼會這樣呢？一整個不懂。

e-Visa

飛機於伊朗時間21：20降落，進入航站之後走到Visa櫃台，給他我們的e-Visa核准文號，竟然也不是馬上可領，還得要填一份表格之後，再連同護照一起給他。他根本沒看我的核准文號，其中，又得填爸爸的名字。天啊！誰知道我爸名字的英文該怎麼拼，萬一寫得跟申請時不一樣，會不會不發給我簽證呀？

接下來就是等待又等待，等待的時候Visa櫃台甚至把百葉窗也拉下來，在裡面專心處理大家的簽證。1個多小時過去，終於開始叫名字發小紙條，叫我們去旁邊銀行繳交30歐元（44美元）的簽證費，再把收據拿回來等叫名字時給他，以換回護照。這時候簽證終於到手了，但還是得排隊進海關、拿行李、換錢。當一切搞定時，已經離降落二小時了。

· Firouzeh Hotel。

旅館 MEHR

原來要來接我們的司機顯然已經走掉了，請機場Information處的小姐打電話給他，他說20分鐘可到。上車之後，接到Firouzeh旅館老闆的電話，他大概以為我們不會到了，已經把房間讓給了別人，但他另外在隔二條街處幫我們找了一個旅館，一樣是三人房加床、一樣的價錢。都快午夜12點了，也只能先這樣了。這家替代的旅館還不錯，有冷氣、冰箱、衛浴，還附早餐，及免費的WiFi網路可以使用。唯一的缺點就是英文不太能溝通，凡事得用「比」的。

DAY 4

Tehran・德黑蘭・JUL 11/Mon

伊朗好熱唷！

早安，德黑蘭

經過一番思考及討論過後，伊朗航空似乎令人有許多安全上的顧慮，還是搭夜車比較保險。我們吃完早餐後，決定先去Firouzeh Hotel找老闆，他的英文不錯又可以溝通，請他幫我們預訂往舍拉子（Shiraz）的夜巴。到了這裡，他先問我們預計去哪些地方，並建議我們最後由伊斯法罕（Esfahan）直接搭車去機場，不要再回德黑蘭，以節省搭車的時間及金錢。

也因為這樣，我們必須變更計劃，先去北部後，回德黑蘭住一至兩晚，再下南部。他並建議我們去買1張伊朗電信的預付卡，打電話可以便宜很多，真的是一個很不錯的人（英文講得超流利的）。

IRAN CELL

拿著旅館老闆畫的地圖，及他用波斯文寫的辦卡所需資料，在何梅尼廣場

旁（Imam Khomeini Sq.）的何梅尼捷運站內可以找到IRAN CELL-MTN的辦公室，是醒目的黃色招牌。進去時要抽號碼牌，但警衛看到我們四個外國妞，直接指了一個空了的櫃台，享受免排隊優先辦理的特別禮遇。

要買伊朗的預付卡需出示護照，他會影印一份後，給你簽名並按指紋。地址、電話、郵遞區號（旅館為1141733315），都用旅館的資料即可。辦理的先生人很好，先用他的SIM卡放入我們的手機測試可否使用，辦好之後還幫我們開卡、設定語言、寫說明書，服務超級棒唷！第一次購買需50000 Rials（1萬Rials≒新台幣26.3元），裡面可用金額為19231 Rials。打伊朗境內820 Rials/min，打國際電話3800 Rials/min。按*141*1#OK可顯示目前餘額、*141*pin#OK可儲值。儲值卡有20000 Rials及50000 Rials兩種可以選擇。因為打國際還蠻便宜的，所以我們儲值50000 Rials方便打回家去。

· （上）德黑蘭的街景。
· （下）何梅尼捷運站入口。

·鏡宮。

Golestan 皇宮

星期一不少景點沒開，又不想跑太遠，今天就去旅館附近的皇宮及珠寶博物館。皇宮的門票可以單買想看的點，也可以一次全買。全買的話，1人22000 Rials，共給11張面額2000 Rials的門票，有的館要1張，有些則需要2張，搞得很像園遊卷一樣。既然都來了，就全買了，價錢也沒有很高，都進去瞧一瞧也不錯。天氣真的挺熱，看了二、三個地方後，肚子也餓了，就在皇宮裡的咖啡吧吃點東西並休息一下。認真算起來，伊朗物價不高，我們點了三份餐和三瓶可樂，才花了5萬Rials而已。

伊朗人也算聰明，好看的宮殿就不可

·博物館入口。

・（上）花園中的噴水池。
・（下）Golestan 皇宮。
・（右）紀念品店。

伊朗好熱唷！　　　Tehran 德黑蘭　　　DAY 04　　21

以照像，例如鏡宮。之中一共有三處鏡宮，但只有一個規模最小、最不漂亮的可以照像而已！

珠寶博物館

逛完皇宮，怕走路到珠寶博物館會太晚，又怕中暑，我們決定叫計程車前往。計程車是喊價的，招手之後告訴司機你要去的地方，他會報價給你，合意就上車，不然就攔下一台。短短的距離被收了70000 Rials，不知道是不是被敲了？

珠寶博物館每週只有開放四天，每天只有兩個半小時，錯過了就得等明天了。偏偏我們今晚要離開德黑蘭了，所以一定得趕今天來瞧一瞧。入館前得先由一位女士檢查我們每個人的包包後，才可入內購票。買了票還得寄放行李、包包、手機、照相機才能進去參觀。實在搞不懂為什麼這些珠寶不能拍照？

整個博物館就位在一間銀行的地下金庫中，裡面的東西真是很奢華、精緻，但是燈光昏暗。裡面有一個用黃金、珠寶做的地球儀最厲害，上面的寶石正好鑲出五大洲的位置及形狀。

裡面的保全很多，只要你靠上欄杆去看，馬上就會上前來要你後退。搞什麼呀？不是還有一層玻璃罩著嗎？是摸得到吼！

這裡的人晚餐很晚才吃，餐館要到8點才開門。我們去了一家Firouzeh旅館老闆推薦的餐廳，點了半隻烤

珠寶博物館入口

1- Admittance for one person only.
2- Please keep the ticket until leaving the Treasury.
3- Please read overleaf.

·珠寶博物館門票。

雞、一串烤雞串及三瓶飲料，吃飽飽的四個人才用掉30000 Rials，真不錯。

Open：週六～週二（pm2：00～4：30）
門票：30000 Rials

巴士總站

旅館老闆幫我們訂好往阿達比（Ardabil）的夜巴車票，並叫了他哥哥的車載我們去巴士站。德黑蘭的巴士總站不只一個，得搞清楚要去的地方由何處出發。因為塞車的關係，我們到巴士總站時，車已經開走了，老闆的哥哥只好停車，帶我們進

去重新買票。從車站的運作方式看來，中東地區應該都相同。每個大一點城市的巴士總站都在市郊，到了總站之後，有許多家巴士公司可以選擇。你可以選便宜的、時間接近的或是車子較好的。知道之後，我們以後就可以自己去處理搭車的事，不必再透過旅館或旅行社了。

我們明明買的是晚上10點45分的車，上車之後，車子卻一直到11點30分才開，不知道是為什麼？還有還有，明明已經很晚了，卻放電影，音量又很大，不給大家睡覺，非得放完一部電影才肯熄燈，真是奇怪？不過這車子還真不錯，很新很舒服。

·我們搭的夜巴

·巴士總站

DAY 5

阿達比

舒適涼爽的北方城鎮

經過一整夜的長途跋涉、翻山越嶺之後，終於在早上九點抵達阿達比的公車總站。一下車，有點冷唷！許多計程車司機紛紛圍了上來，但我想找找有無進市區的小巴而不理睬他們。不過一直到走出站外，還是沒看到有任何小巴的踪影，看來也只能叫計程車了。這巴士站到市區不遠，只有兩到三公里，司機開價30000 Rials，還算合理。他把我們載到Sabalan Hotal門口，旅館看起來不錯，可惜已經客滿了。Mosaferkhaneh Safavi旅館已經改名，而且看起來不太理想；Hotel Goolshan也客滿了。當我們打算去找Hotel Iran時，遇到一個鞋店的老伯，一直說Hotel Iran不太好，推薦我們去住Sabalan，我們告訴他已經客滿。問他Hotal Negin如何？他說不錯，除了告訴我們怎麼走，還幫我們用紙寫了波斯文，真是太棒了。旅館也是3人房加床，有衛浴、冷氣、冰箱、附早餐，共73萬。進房間整理行李，梳洗一下，下午決定來個輕鬆一點的行程。

市集閒晃去

很多資料都說阿達比這裡的市集很漂
亮，今天就輕鬆一點，逛市集去吧！這
裡的人很厲害，從頭巾就可以判斷人打
哪來的，一直說我們是馬來西亞人，實
在是令人很無言。於是逛市集時，育
胤、麗榕與小玲就買了新的頭巾，明天
應該只剩我是馬來人了。這裡的人比德
黑蘭規矩多了，頭巾包得比較好，穿恰
朵（黑袍）的人也比較多。仔細看，穿
恰朵的人，真的有用牙齒咬住布耶！其
實她們裡面也還有包頭巾，若恰朵真的
滑下來，應該也不會露出頭髮吧！另
外，伊朗的女人似乎比敘利亞自由多
了，單獨上街購物的人不少，不像敘利
亞一樣，整個市集全是男人居多。

阿達比市集有另外一種店也很多，就是
賣童裝的。不知道是不是小孩很多？衣
服有伊朗製及沒有標示的，不知道伊朗
製的品質好不好，因為我沒看到喜歡的
樣式，所以一件也沒買。

· ① 有頂市集入口。
· ② 頭巾的店。
· ③ 乾果店。
· ④ 蜂蜜產品專賣店。

七眼橋 Pol-e-Jajim

阿達比至少有五座修復後的眼型橋（Safavid bridges），最有名的就是稱為「Yeddi Goz」的七眼橋了。因為也不確定波斯文怎麼說，攔了計程車後，畫了一個圖給他看，他點點頭並要我們上車，價格兩萬元。這個城市感覺不錯，不太需要講價，目前為止還沒遇到漫天要價的計程車司機。顯然圖解法比雞同鴨講容易多了！但是到了現場，是那座橋沒錯，但河中卻沒有河水，只有挖爛泥的推土機及挖土機。為什麼？在做河川整治嗎？拍的照片無法有七眼橋及其美麗的倒影，超可惜的！

坐在無水的河畔休息一下，有風輕輕涼涼的吹著，好舒服呀！樹下也有一些當地人或坐或躺著聊天，之後往南部移動後，就不太可能遇到這麼宜人的

·七眼橋·

氣候了。沿著河邊散步，往迷你可愛的三眼橋（Pal-e-Ebrahimabad）走，到了這裡本來預計去參觀亞伯拉罕馬巴德清真寺（Ebrahimabad Mosque），無奈又遇上整修及關閉。清真寺前一群阿伯，竟然要求我們幫他們拍照，之後一直叫我們進去旁邊的茶館。

·亞伯拉罕馬巴德清真寺。　·茶館入口。

茶館 Sofrakhane Sonati Ebrahimabad

這是一個有640年歷史的浴場改建而成的茶館，也可以在裡面用餐。浴場十分漂亮、結構完整，裡面的佈置也很有特色，值得前往。時間還挺早的，我們都還不是很餓，只點了飲料在裡面小坐了一下。

·茶館內。　·茶館內。

奇特的瓜

回旅館的路上，再次經過賣水果的地方，我們買了綠葡萄、哈密瓜及一種不知名的綠色小瓜。它長得很像迷你版的西瓜，老闆說洗一洗後就可以直接吃，買幾個回去試一下。當然，回到旅館就來試試看囉！洗一洗切開，謎底揭曉，就是不同形狀的大黃瓜。的確可以直接連皮吃，但若是買太大顆，皮會很硬，所以買的時候別選太大、太老的。

伊朗的餐館總是到八點才要開，這件事很令人困擾，雖然九點才天黑，但我們總是六、七點就想吃晚餐了。今天本來想去中午吃飯的餐廳外帶一些東西回去吃，但還不到八點他就是鎖著鐵門，讓人不得其門而入。

DAY 6

Ardabil·阿達比·JUL 13/Wed

恐怖的爛車之旅

沙伐歐丁陵墓複合建築
Safa-od-Din-Mausoleum Complex

這是2010年才剛列入世界文化遺產的建築群，很有看頭。入門口有一個持槍的警察站在那裡，有必要嗎？

建築群的中庭，四面牆上都貼滿藍色系、伊斯蘭式的瓷磚，很漂亮。購票進入建築內，伊朗政府很偷懶，不論多少錢的票都是同一個圖案，只是上面數字不同而已。裡面有一個寶物櫃、Safa-od-Din的石棺及一些不知道是誰的石棺。還有一個幾何對稱設計的Chini Khaneh塔。這個塔進到裡面，大家都覺得很像放骨灰用的靈骨塔，你可以瞧瞧像不像？

後面的花園也很漂亮，坐在裡面發呆太舒服了。阿達比這裡因為海拔較高，夏天氣候舒適，來這裡渡假的伊朗人應該不少。路上隨處可見賣蜂蜜的商店，這是這裡的特產，產量多到可外銷到其他城市去。

·Chini Khaneh 塔。

·寄鞋處。

搶人大戰

中午退房之後，請旅館櫃台幫我們叫車去巴士總站，只要15000 Rials，看來昨天被坑了！到了車站，我們四個拉著行李的人就像是四隻待宰的肥羊一樣，各家巴士公司的人紛紛圍上前來！一時之間不知道如何選擇的我們，想想還是選坐來的那家巴士公司比較保險，看我們走進那一家巴士公司，其他人都十分生氣。車子是一點開車，但看到車子時，我們差點昏倒，是賓士的爛車。這一段路說長不長、說

·沙伐歐丁陵墓複合建築中庭。

·恐怖爛車。

·賣車票的店。

短不短，沿途一直停車上下客，搞到我們到大不里茲（Tabriz）時都已經六點了。爛車的缺點就是沒有空調、椅子又爛，坐久了屁股很痛。

下車之後，再度被計程車包圍，一直問我們要去哪裡。當我說要去 Park Hotel 時，旁邊有一個小姐說：「很貴」，我只好改說Mashhad，她說那還好，她還告訴我們說計程車一人一萬，去的話一共要4萬Rials。到了Mashhad Hotel，這裡的旅館都沒有附衛浴的，四人房25萬Rials，不含早餐，連洗澡都得外加一人兩萬元。因為不是很滿意，我跟小玲又跑去看了Bagh Guesthouse 跟Pars Hotel，竟然也都沒有含衛浴，房間也比較小。想想可能只有住一晚而已，就將就住了吧。

遊客諮詢中心
Tourist Information

這裡有諮詢中心就進去瞧一瞧，希望他可以幫我們訂到往德黑蘭的夜臥火車票。Nasser Khan這個人還蠻好的，給了我們一人一份英文地圖，還仔細的告訴我們哪些地方可以去。問及夜臥火車時，他要我們直接忘記有火車這回事，因為早上有替兩個波蘭人問過了，這四

天內的位置都被訂滿了。既然如此，就只能搭夜巴了，但大夥車子坐累了，尤其是在今天這班爛車之後，還是多住大布里茲一天吧！請他推薦一家好一點的旅館，如果連續兩天住這種連去上廁所就得全身包好的生活，大家應該會瘋掉。他推薦我們Ghods Hotel，還立刻幫我們打電話去問價錢，很有效率。

大布里茲的市區一天可逛完，多住一天只能往週邊地方發展。我們問了一天的行程去北部的Jolfa及南方的Kandovan，四個人包車並不貴，一人18 USD。我們還問了他買巴士票的事，因為回德黑蘭很怕又坐到今天這種爛車。他推薦我們去「Seiro Safar」這家買，並於購票時指定要 Super deluxe的VIP。他說一般300 km以上的車，一定是有空調的；但是短於300 km的就得特別指定，不然就會以爛賓士居多，這在未來幾趟搭車時，可得特別留意才是。另外，他還有換錢的服務，匯率比我們那天去銀行換的還好，看來明天可以在他這邊換些錢。

漢堡店

據來過伊朗的人說：伊朗的漢堡很難吃，今天我們決定去試試看。市集前有許多家漢堡店，我們選了最多人、規模

· Tourist Information 的指示。
· 名片。

· （左）路邊不常見的郵筒。
· （右）路邊常見的捐獻箱。

· 路邊不常見的公共電話。

· 超大的漢堡。

最大的一家，四個人分別點了不同口味的漢堡，送來後有兩個是圓形漢堡，有兩個是長型的法國麵包。這快跟人臉一樣大的漢堡一個1.5萬到2.6萬之間，一個人其實根本吃不完，下次我們大概點二個就夠大家吃了。至於味道如何？就一般漢堡正常的味道，沒有特別難吃或是特別好吃，十分正常的食物就是了。

沒有衛浴在其他國家，我們也都住過，但在伊朗卻是個大麻煩。女生到這裡旅行，住沒有衛浴的房間很不方便，因為只要離開房間，就得全身包起來，連刷牙、洗臉、上廁所都不例外，實在是非常的麻煩。在大布里茲的Ferdosi街這一區的旅館，幾乎都是這種類型的，地點方便離市集很近，較適合男生。而在Imam Khomeini街上的旅館，價格較高但容易找到有附衛浴的，較適合女生或有女性同伴的旅行者。打定主意明天一早立刻換旅館的我們，除了小玲之外，一致決定不洗了，明天去新的旅館後再說，反正也不趕時間。

DAY 7

Tabriz · 大不里茲 · JUL 14/Thu

量身訂製黑袍

Hotel Ghods

搬去這家旅館很不錯,給我們一間有四張床的四人房,房間超級大,雖然沒有冷氣,但兩邊窗戶打開後,風大的不得了,挺涼快的。在伊朗,旅館有空房時,他不會跟你計較幾點才能Check-in,馬上就給我們進房了。趁著洗澡的時候,大家趕快把自己想洗的東西洗一洗,應該晚上回來就會乾了!

郵票很難買

昨天好不容易在阿達比買到的明信片,卻遍尋不著賣郵票的地方。在某家手機店剛好遇到會說英文的人,他告訴我們藍色清真寺對面可以買到郵票。走到那邊,要下到地下室,是一個電信郵政辦公室。我們拿出明信片說要寄回台灣,小姐叫我們坐一下,她們大家竟然開始討論要收多少錢,還有人不停的查找資料冊。過了好一會兒,竟告訴我們一張10000 Rials,跟我在網路上看到的

· Hotel Ghods 四人房。

· 早餐。

· 藍色清真寺。

1000 Rials差了十倍。不過因為郵局難找、郵票難買，我們還是先寄了幾張明信片，又買一些郵票放著。

藍色清真寺

這個清真寺的入口在馬路側的背面，除了入口那一面仍留有藍色的瓷磚外，其他面的都掉光成為土色的。門票3000 Rials，一樣是了無新意的同一種門票。既然全國各地都使用同一種門票，伊朗政府可以考慮於各大機場、邊境點販售門票券，買十送一什麼的，可以拼觀光。

裡面很漂亮的藍色瓷磚，什麼角度都漂亮。參觀時，突然有一個男人開口問我們：我的太太想跟妳們說話，可以嗎？我們同意之後，他太太才過來跟我們交談。稍早，我們去買果汁時，也遇到一對男女，女生想幫我們點飲料及問價錢前，也先問男生才跟我們說話，這就是這裡的文化。

亞塞拜然博物館
Azarbayjan Museum

看完藍色清真寺後，隔壁的博物館已進入休息期間，只能等四點以後再來了。二點正是吃午餐的時間，今天試吃沙威瑪。我們選了一家很小的店，進去裡面坐著吃，這家店的沙威瑪竟然是用麵包夾的，點二份請老闆對切，還是沒能吃完。熱情的老闆也不嫌我們點得少，還拿水果請我們吃耶！

·電影院。

Open：8：00~13：30／16：00~20：30

第一次搭公車

午餐過後打算去市集瞧瞧，但是天氣熱，大家想說搭公車試試看好了，因

為距離近，還在猜想會不會大家都叫我們用走的，果然有一個女生就這麼說了。她會說一點點英文，我們跟她說：我們有點累了，想坐公車試試看。大概也講不清楚，這個女生就說要帶我們坐車去，伊朗公車男生坐前面，女生坐後面，真的很有趣。

其實大概就是一、二站的距離而已，也不知道怎麼付錢，也沒人跟我們收錢，就不明不白的坐了一段霸王車。下車之後，那個女生說要帶我們去逛，看起來好像也不是壞人，只是一個想練英文的碩士生，所以我們也沒拒絕她。趁有遇到會說英文的人，趕快想一想要問她的問題。

· 星期五清真寺。

她帶我們進市集裡逛，去星期五（Jameh）清真寺及制憲紀念館（Constitution House）。雖然她的英文不是很好，但是多半知道她在說些什麼啦！

在伊朗的大學院校中，女生比男生多，因為女生不能做商人，所以很多會選擇繼續念書；男生可能繼承家業什麼的，比較早出社會。逛到五點多了，我們跟她說要去遊客諮詢中心，她才離開。我們去找Nasser Khan先生，跟他訂了明天一日遊的計程車，並要求要有冷氣的車及吃午餐的行程。因為之前去約旦時，一日遊竟然沒有午餐行程，不是說不含午餐錢唷，是連帶你去有東西吃的地方的時間都沒有。有這種差點被餓死的恐怖經驗，我和育胤強烈要求必須有午餐時間。Nasser Khan先生一定在心裡偷笑，認為我們這群外國姊真的太愛吃了。他也提供換錢服務，比我們去銀行的匯率還好，他說銀行有扣手續費。我們每人跟他換200美元，一共換到22張10萬元的鈔票，皮夾頓時又變得鼓鼓的了。但事後想想，換錢還是去銀行比較好，因為萬一拿到假鈔，損失錢就算了，說不定還會有法律的問題咧！

· 制憲紀念館。

· 布店老闆。 　　　　　· 裁縫工廠。

訂製黑袍

和Nasser Khan約好明天早上九點出發後，他建議我們搭公車去Elgoli公園走
走。還沒走到公車站就看見一家賣布的店，我們就跑去問價錢及縫製所需的時
間。布的價錢從30萬到95萬Rials（一人份）之間都有，半透明的比較便宜，不
透明的比較貴，他說他朋友會幫我們做，1個小時可以搞定。既然1小時可以做
好，就趁現在做一件吧！到其他南部的點，都是觀光客，可能會被敲一大筆。
選好布之後，老闆帶我們去他朋友那邊，是一個小型的裁縫工廠，都在縫製禮
服。一個小姑娘幫我們量好之後，裁縫工廠的帥老闆竟然說要明天才能拿，我
們當場大驚，幸好布店老闆還在，說好1個小時，量身的姑娘撂話後立刻轉身
走人，超好笑的。帥老闆面紅耳赤的說：我去處理一下，也跟了進去。我想：
該不會回家要跪算盤吧？沒多久他出來說搞定了。既然如此，我們想說去公園
走走再回來拿，但是他卻叫我們坐在那邊等，不知道為什麼要這樣，但我們還
是照辦了。

等著等著無聊了起來，帥老闆放音樂給我們聽，還燒了一片CD給我們，然後跟他店裡二個男生與我們互猜年紀，瞎扯一通。知道我會說幾句土耳其語之後，叫我表演說土文給他們裡面的人聽，一群人不知道為什麼，High到翻了。一整個就是在搞笑，不知道是我們娛樂他們，還是他們娛樂我們。縫製過程中，還有再出來確認一次長度，也難怪我們還不能走。終於終於已經講到無梗了，連我會的土耳其語也講完了，黑袍終於完成了！（P.S.大不里茲這邊的人大多會說土文，從土耳其邊境過來的人在這裡應該可以稍稍適應一下。）帥老闆熟練的幫我們披上，卻都沒碰到我們，很

厲害的。試穿完畢又迅速的幫我們折得整整齊齊的，相當專業。最意外的還是問價錢時，他竟然說不用了，是禮物，看來今天的確是賓主盡歡。

肚子餓了，公園我看也別去了，我們去了Nasser Khan介紹的餐廳，吃了到伊朗後最貴的一餐。這家餐廳有低消，不點主菜的人，也會給湯、沙拉，收費每人40000 Rials。雖然貴了一點，但它的蕃茄蛋（Omelet）、蔬菜燉肉吃起來都還蠻合口味的。這裡的天氣好奇怪，白天很熱，晚上風卻很大，大到像在刮颱風。房間的通風良好，早上洗的衣服全都乾了。

DAY 8

Tabriz・大不里茲・JUL 15/Fri

我不是菲律賓人啦！

週五郊遊日

早上九點，Nasser Khan及車子的司機都已經等在旅館門口了，車子果然不錯，今天的一日遊應該會有舒適的一天吧！

舊發 Jolfa

車子一路開得飛快，約一個半小時就到舊發了，但這不是我們的目標，我們的目的地是舊發西邊的史帝芬教堂（Church of St.Stephanos）。抵達時，好多的車子真是嚇了我們好大一跳，星期五果然是他們出來郊遊的日子。入口附近的警察還是軍人的，把我們攔了下來說要看護照。奇怪了，又沒要過邊界，不過就是看個教堂，為什麼要檢查護照？雖然我們每個人護照都在身上，但我要大家跟他說：護照在旅館，只有影印本。結果他要我們跟著他，走到販賣部，叫了另一個人出來，登記了名字就讓我們走了，搞不懂登記個名字能做什麼？

‧（左）史蒂芬教堂入口處。　‧（中）東正教的雕刻。　‧（右）東正教繁複十字架。

‧（左）教堂內部。　‧（中）火教堂。　‧（右上）亞塞拜然的火車是彩色的。　‧（右下）一人份的午餐。

這又是個在整修中的教堂，來幾天了，好多地方都在整修，拼觀光吧！因為頭巾的關係，我一直被說是馬來西亞人，但今天變了，已經被說是菲律賓人了，我看再曬下去，過幾天就變印尼人了吧？教堂修復的不錯，有一個燻得黑黑的火教堂，裡面保存也還挺完整。出了教堂左手邊有一個小山丘可以爬上去照教堂全貌，但是整修中的鷹架好醜。在小山丘上四下無人，突然興起做壞事的念頭，偷偷摸摸的把頭套拿下來，拍了一張違法的照片。大家輪流都拍了一張，我看這可能也會是在伊朗唯一一張沒有包頭巾的照片。

・（上）塞車了。
・（下）河邊的紀念品店。

二個小時的時間差不多可以慢慢的逛完，再喝個飲料。兩邊有一堆伊朗人都在野餐，男人都在水邊剁雞、準備雞肉串。我們都在想，準備由男人做、烤也是男人在烤、小孩也男人在抱，女人都做了些什麼呢？不過，把女人包成這樣，哪有手可以剁雞，更別說烤雞了，萬一整件恰朵燒起來就不妙了。離開之後，一直跟司機說要去吃東西，他一定覺得很好笑，這群外國妞怎麼這麼愛吃！他把我們帶到高速公路旁邊的休息站餐廳給我們吃午餐，我們本來打算點半隻雞＋串燒各一份，結果他竟然給了我們一人一隻大雞腿及一串烤雞。只有我可以吃這麼多的雞，她們三人只吃了兩份，剩下的一份外帶。吃得飽飽的，等等上車大概會一路睡到坎多凡吧（Kandovan）！

坎多凡 Kandovan

這裡就類似土耳其的卡帕多奇亞，居民鑿石頭住在裡面，在進到主要區域前就塞車了，看來也是個郊遊野餐的景點。因為整路都是車，司機要我們下車

·洞穴屋。

走進去。沿著河邊要找一座彎彎的橋，橋中央可以拍到坎多凡很大片的風景。其實，到過土耳其卡帕多奇亞的人，一定都會覺得這裡的規模小太多了。雖然石頭的組成有些不同，洞穴屋裡布置不一樣，但是只能説大同小異啦！

我沒太大的興趣走上去參觀別人的房子，所以我選擇坐在河邊的茶館觀察當地人。時間已經下午五點多了，很多人開始在收拾善後，打道回府，交通大打結。但他們都互不相讓，搞的所有車子都動彈不得，真是糟透了！伊朗人的公德心似乎不太理想，一堆

垃圾散落一地，甚至掉進河裡，不知道這些垃圾最後會怎麼樣？

當我們往外走時，車子幾乎都沒有動。走到前面才知道，又是幾個互不相讓的阿呆卡住了路，如果有哨子真想幫他們指揮一下。

第一次搭豪華巴士

回到旅館，我們拖了行李去前一個路口搭公車（104號）到巴士總站。當地人搭車真的都有分男前女後，車上有

一個男人在收車錢，我們還一直在想他到底會不會收到後面來，結果是有的，他有走到後面來收女生這部份的車錢。看我們拖著行李，所有人應該都猜到得到我們要去搭巴士，到的時候，收票人還來幫我們搬行李下車，人很好耶。

我們把行李拖到巴士公司的辦公室寄放，他說晚上十點左右可以上車（我們訂晚上十點半的班次），在三號月台。四處逛逛，這個車站不像之前在德黑蘭西站那麼大、那麼亂，有幾家賣吃的店，跟一大堆在雨遮廊

道下的搖椅。在最接近我們巴士公司的店點了飲料坐下來休息，輪流去梳洗，中午剩的雞，旅伴們都興趣缺缺，就成了我的晚餐。

十點十分，我們從休息區這邊去了月台，找到三號月台，車子真的不錯耶！正準備上車，巴士公司的先生來叫我們去五號月台，但卻要我們別上車在那邊等。後來有一個先生說那台車是十點十五分開的，我們要等下一台。我們今天這台車是VIP等級的，每排只有三個位置，而且可以躺得很平，超舒服的。還有，這車是賓士的，得幫賓士澄清一下，不是所有的賓士都是爛車啦！上車之後，有人來發點心，照例又得放一部電影。位置很舒服，大家一致決定以後只坐VIP的車。睡夢中車子好像沒什麼停下來，結果早上五點多，竟然就到德黑蘭了。車子到了終點站，卻沒人叫我們下車，是麗榕要去上廁所，發現所有人都走光了，才上來把我們給叫下車，伊朗人真的好奇怪唷，到了也不叫一下！

DAY 9

Tehran・德黑蘭・JUL 16/Sat

好東西都不能照像

再進德黑蘭

我們下車的站是中央站（Arzhantin），先去買明天晚上去舍拉子（Shiraz）的車票。剛好有一個大叔會講英文的也要買票，有他的幫助，我順利買到晚上十點往舍拉子的VIP夜巴。今天我們打算坐地鐵去旅館，試試不同的交通工具。離公車站最近的是Mosalla地鐵站，問路的時候只要說metro當地人都會知道。不過，這個地鐵站周邊不太方便，都是大馬路，走到我們一直懷疑到底走對路了沒有？車站的出口看起來並不好招計程車，看來明天晚上無法搭地鐵到此再換計程車，得在前一站下車才行（Shahid Beheshti）。

德黑蘭地鐵

地鐵沒有遠近的價錢分別，搭一次3000 Rials，票卡是藍色的，出站不回收。兩次票4500 Rials，橘色的票卡。因為出站不回收，所以二人搭車時，亦可買兩次票，一個人刷卡進站後，下一個再用同一張卡進去。它也有感應式

的儲值卡，購買時30000 Rials，裡面有25000 Rials的額度，每搭一次只扣1150 Rials，相當便宜。

因為地鐵便宜，搭的人還蠻多的，每輛車的頭尾兩節是女性專用車廂，這節都是女生，會有人上來賣東西，有看過絲襪、髮飾、戒指、糖果……等，還挺有趣的。清晨的德黑蘭挺清靜的，路上沒什麼人，更沒有煩人的計程車，感覺很好。到了旅館，因為有空房，所以櫃台先生馬上讓我們進房了。放好行李後先在旅館吃完早餐（20000 Rials）再出發。

巴列維皇宮
Sa' d Abad Museum Complex

皇宮位於德黑蘭北區，得搭紅色地鐵到最後一站 Gheytarieh 後，再叫計程車前往，一車40000 Rials。早上在旅館有遇到一個台灣女生，她告訴我們計程車的價錢，所以地鐵站出口司機開價六萬時，我們都不想搭，一直被當凱子敲，感覺不好。我們往前走了一小段再攔車，果然有四萬就載的車子。

· ① 女性專用車廂。
· ② 德黑蘭中央巴士站。
· ③ 地鐵。
· ④ 地鐵閘門。

·蓋在森林裡的皇宮。

·（上）白宮。
·（下）綠宮。

·有台灣的世界地圖地毯。

·伊朗國家博物館。

皇宮有二處入口，計程車把我們載到山上的入口，可以一路往山下走，感覺還不錯。售票處有英文版的地圖，有標識裡面各館的票價，在這裡就得決定要買哪些館的票。其實伊朗的門票一直都長同一個樣，進去之後若改變主意，可以換同價錢的館也沒關係。入園費3000 Rials是一定要付的唷！

這裡面簡直像個森林，樹都很高，而且感覺很涼爽舒適。我想，在未來的一週，我們都會懷念這個舒服的地方吧！我們到的時候，白宮沒有開放，連帶國家藝術博物館也沒開，所以我們只看了綠宮及手工藝博物館。綠宮不能照像，也是很華麗，不過比Golestan華麗的有氣質多了。

手工藝博物館很有意思，二樓有一幅世界地圖的地毯，上面有標出台灣，也有我們的國旗，真是令人超開心的。伊朗有些地毯真的很厲害，圖案細緻到讓人覺得是用畫的，真的是很傷眼力的精緻工藝。走出皇宮，打算攔車回地鐵站，照例門口的都很貴，我們往前走到路口。有一個當地人攔了一台白色的共乘計程車，問我們要不要坐，也幫忙問司機有沒有到地鐵站，確認OK，於是我們四個人擠上後座，還好中途那個女生就下車了，只擠了一小段。

伊朗國家博物館
National Museum of Iran

最接近的地鐵站是藍線的Hassanabad站，下午四點多天氣真的好熱，還好不是走太遠。裡面不可以照像，所以手機、照相機、包包都必須寄放在外面的寄物處，人還得過金屬感應門才能進到裡面。

裡面的東西很多，也幾乎都是各地挖出來最好的東西都搬來了，可是卻不令人覺得特別興奮或是覺得好看，陳列的方式有點失敗。物品的標示有英文，但說明有英文的很少，簡介因為英文版用完了，只有波斯文版，這些都令人失望。即便如此，還是得來瞧一瞧才能知道各地遺跡挖出來這麼多的好貨。

超厲害的
細密畫

Tehran・德黑蘭・JUL 17/Sun

雷薩阿巴斯博物館
Reza Abasi Museum

離博物館最近的地鐵站是Mosalla，但是這站出口位於超級大馬路（或高速公路）旁，不容易叫計程車，所以我們搭到前一站Shahid Beheshti下車。在車站內確認出口方向時，一個小女生說要跟我們講怎麼去，要我們跟著她。上到地面後才知道，應該是她爸爸來接她，順便開車要送我們去。這個爸爸英文不錯，2007年到過台灣，談起話來格外親切。因為今天碰巧是伊朗上一個伊瑪目的生日，路上有很多軍人在發點心及飲料來慶祝。

雷薩阿巴斯是伊朗早期著名的細密畫家及伊斯法罕派書法家，館內收藏許多很棒的細密畫及書法作品，十分值得前往一看。本想在1樓紀念品處買一本館藏畫冊，沒想到竟然沒有，真是可惜。這個博物館的外觀十分不醒目，要不是當地人載我們到門口，恐怕還得找好一陣子咧！不過回地鐵站倒是容易，出博物館左手邊高架橋下，就有共乘計程車的招呼站，坐滿

· 細密畫 ·

· 書法工藝 ·

· Shahid Beheshti 地鐵站 ·

就開。我們四個人不必等，一人5000
Rials，司機也是送我們到早上來的
那一站，而不是去Mosalla。

玻璃與陶瓷博物館
Glass & Ceramics Museum

這個博物館應該跟國家博物館排在
同一天才對，因為剛好在同一條街
上，才不會同樣的路走了兩次。當我
們頂著下午兩點的大太陽走到時，它

的花園裡竟然擺了一大堆桌椅，不知
道要做啥？不過門口的警衛還是讓我
們進去了。

裡面不大，可是展示的設計十分
好，陳列這些小玻璃瓶的架子、櫃子
都很有設計感。博物館的前身應該是
個豪宅，牆上漂亮的雕花、木製的樓
梯、超大的水晶吊燈……等。正當我
們還在慢慢欣賞時，博物館的先生來
趕人了，好像是要提早關門，大概等
等有慶祝活動之類的吧！果然，我們
一出來，門就被鎖上了。

·玻璃與陶瓷博物館中庭。

回旅館梳洗一下，今晚得搭夜車南下舍拉子。旅館的老闆人真的很好，知道我們要搭夜車，昨天就跟我們說可以晚點退房沒關係，所以從博物館回來，大家都可以把自己整理一下，舒舒服服的準備去搭車。

中央站（Central Terminal→Terminal-e Arzhantin）不像上回那個西站那樣大、那樣吵雜，旁邊還有一個大賣場可以逛。但八點多時，購物的人超多的，只

·玻璃與陶瓷博物館特別的展示方式。

怕等結帳會來不及搭車。車子還挺舒服的，只是我們的位置在最後二排，晃得比較厲害。旅館老闆說車子有提供晚餐及明天早餐，但不是一上車就先發晚餐，而是快11點才發。拿到之後才知道，應該是有加熱過，才會等這麼久。VIP的車才坐24人，就有一個司機、一個服務員及一個備用的人（不知道是司機還是服務員，一上車就去車尾睡覺了），也難怪價錢會比較貴。

· 車票正面。　　· 車票背面。

· VIP車內部。

· 玻璃與陶瓷博物館。

炒麵加蛋好厲害

Shiraz・舍拉子・JUL 18/Mon

這一段車子坐了13個小時，我們下車後已經近11：00am了。先買了往亞茲（Yazd）的車票，這一段要七個小時的車程竟然只有兩家巴士有開，而且都沒有VIP的車，真是太慘了。不過，經詢問，至少是有空調的車，如果像從阿達比到大不里茲那種自然風巴士，大家應該會昏倒吧！

買了這麼多段車票，大概對伊朗的巴士有點概念了，來介紹一下伊朗的巴士：

1. 超兩光自然風巴士：一路走走停停接客人，每小時車程約5000 Rials。

2. 有冷氣的普通巴士（SCANIA）：每排4個座位，每小時約10000 Rials。

3. 有冷氣SCANIA豪華巴士：三排座位，但無法躺很平，座位間距較小，每車有三十幾個位置。

4. VIP豪華巴士：可躺到快幾乎平了，每車僅有24個位置，每小時車程約20000 Rials。

· 計程車售票亭 ·

計程車售票亭

一般觀光客在語言不通的地方，最怕就是被計程車敲竹槓，舍拉子的公車總站有一個有趣的計程車售票亭，把想去的地方告訴售票小姐，她會開票、收錢，再把票拿給計程車司機就可以搭車了。省去跟計程車講價的時間及精神，真是一項很不錯的服務。

舍拉子的觀光客應該不少，車站的英文標示很清楚，各售票大廳都有掛名牌、穿制服的服務人員指引買票的巴士公司，不是巴士公司的人唷！當我們問第一家巴士公司不滿意它的時間時，服務員又帶我們去另一個售票大廳找另一家巴士公司，對觀光客來說挺方便的。到Sasan旅館進房後約12點，老闆建議我們下午兩點出發去波斯波利斯。但是我們覺得很趕，他說也可以三點出發，反正我們四個人自己一台車，時間還蠻自由的。全程五個小時，45萬Rials，若還要去帕薩加達（Pasargadae）要70萬Rials。討論之後，跟老闆說要有冷氣的車，下午就去吧！下午的天氣比較不會太熱，明天還可以市區觀光悠閒一點。

・帝王谷。

中午由我和育胤去旅館外大馬路的對面去買烤雞，來伊朗這麼多天了，第一次看到用烤箱烤全雞的，一定要去買一隻來吃看看！伊朗的外食人口似乎不少，在外面很容易找到用餐的地方，不像在敘利亞時，常找不到餐廳可以吃，簡直是減肥之旅。烤雞一隻9萬Rials，打包回旅館房間內吃，不用長袖、長褲，也不用包頭巾，真的是輕鬆許多！看來未來幾餐，都去打包烤雞回來吃好了！

門票 5000 Rials（AM 08：00-PM07：00）

帝王谷 Naqsh-e Rustam

這裡有四個帝王的墳墓，據信他們是大流士一世（Darius I）、薛西斯一世（Xerxes I）、大流士二世（Darius II）、阿塔薛西斯一世（Artaxerxes I）。墳墓都長得大同小異，或許是因為太高了，讓我看不出有異。墓室上方都有祆教的主神：阿胡拉·馬茲達把權杖傳給波斯

各式柱頭。

·阿胡拉·馬茲達。

國王的圖案,在波斯國王下則有28個小人(象徵28個臣屬國)合力將祆教祭壇抬起。

墓室下方有幾幅記載波斯與羅馬戰爭的石刻,石刻中在波斯國王馬前下跪的就是羅馬的將軍。另外,在墓室前方還有一個功能未明的建築,目前多推論為祆教祭壇。在四個墓室的最左方,還有一幅波斯國王騎馬踩著安息國王與馬茲達騎馬踩著惡神阿赫里曼的石刻。

其他君王墓陵 Naqsh-e Rajab &波斯波利斯(Persepolis)

Naqsh-e Rajab這也是一個墳墓,但看不出來有墳墓,只看見三幅石雕。石雕保存還蠻完整的,除此之外,沒啥吸引人之處,難怪旅館老闆一直說20分鐘就夠了。

我們四點多到波斯波利斯,天氣不會

很熱，走起來還挺愜意的。這是伊朗很重要的古蹟，不過規模不會很大，但建築群很集中，二個小時左右可以走得差不多。但若要登山去看阿塔薛西斯二世及三世的墳墓的話，就會有點趕。

這裡有很多石刻很精彩，應該説都各有趣味。尤其是各國朝貢的部份，每個區段的人都長得不一樣，帶的貢品也不同，有魚、羊等，要仔細看才能領會設計者的用心。

大柱子的柱頭有兩個鳥頭的、兩個牛頭的好幾種型式，背對背的設計可以直接卡住橫樑，就不須加工讓樑柱連接，是好聰明的設計。不過，這種設計並不適合位處於地震帶的國家，搖一搖應該還是會壞的吧！

波斯波利斯裡還有許多尚在修復的部份，不能進去參觀，有點可惜。其實在這裡可以看見的，只是遺址的一部份。還有不知道多少的比例因目前技術還無法處理，被選擇繼續埋在地下，等到未來技術能處理時，應該有機會看見更偉大的波斯波利斯了。

回到旅館之後，本來打算去外帶半隻烤雞，但在隔壁發現烤雞翅串燒及

· 波斯波利斯入口處的巨型石雕。

・（上）獅子咬馬屁股。
・（中）（下）朝貢的使節國。

翅小腿，想嚐嚐不同的東西。兵分兩路，我和麗榕買串燒、育胤和小玲去烤雞店買炒麵。結果我們買的雞翅表面烤焦了，技術很差。小玲她們在烤雞店耍寶，誤以為水煮蛋是生雞蛋，硬是要老闆加蛋進炒麵裡。語言不通的情況下，老闆還真的剝了蛋殼，硬是把水煮蛋弄碎加進麵裡，算他厲害。只希望老闆不會以為這是台灣STYLE，以後遇到台灣人就這樣弄給人家吃。在房間裡吃真的好輕鬆，如果可以，每天都買回旅館吃是最棒的。

DAY 12

Shiraz · 舍拉子 · JUL 19/Tue

清真寺是睡覺的好地方

城堡 Arg-e Karim Khan

矗立在市中心的土色城牆十分醒目，入口上方有一幅奇怪的磁磚畫，顏色構圖有伊斯蘭風格，但圖案卻像是兒童畫的。

進門後中庭十分大，兩旁皆是有彩色玻璃花窗的房子，只有一面目前有開放參觀，是保存較完整的一面。在裡面另外有展示以前的傳統服飾，看起來，現代伊朗的女性穿得還比從前更保守一點。

城堡裡面還有一個很漂亮的浴場，光線結構都很漂亮，值得前往一看。

門票5000 Rials（AM8：00～PM8：00）

·彩色花窗。

·（上）彩色花窗外觀。　·（下）城堡內的噴水池。

・城堡外牆。

哈菲斯墓園
Mausoleum of Hafez

在城堡前的廣場可以搭14號公車前往伊朗著名詩人——哈菲斯的墓園，一上車大家都好奇的想知道我們要去哪裡？這時候我大聲的説：哈菲斯。眾人開始交頭接耳，想必全車從前到後都知道了，果然，該下車前就有人提醒我們。下了車要去前門付錢，司機大概沒零錢找我們，隨便只收了我們四個人2500 Rials的車資。

哈菲斯的詩句常被拿來當做占卜用，在墓園前的人行道上，可以看見很多手上有小鳥及籤盒的人。其中一人大概看我是外國妞很有趣，竟把四

隻小鳥一一放到我的手臂上，還讓其中1隻幫我叼了1張籤出來，不過，當然是有看沒有懂囉！

墓園真的整理得蠻漂亮的，有花、有樹、有水池，漂亮的圓頂涼亭下就是他石棺的位置了。周圍建築的牆上還有漂亮的瓷磚畫，畫中充滿了玫瑰花並點綴了幾隻夜鷹。花園兩側還有多攤傳統工藝品的販賣，但似乎都不太適合帶著這些物品旅行，只能拍照留念。

本想從此地搭共乘計程車前往沙地

· 哈菲斯墓園中庭。

（Sadi）的墓園，但時間已近中午天氣實在太熱了，我們決定放棄，直接搭公車回市集附近吃午餐。

乞拉格陵寢
Aramgah-e Shah-e Cheragh

乞拉格是伊瑪目雷沙（Reza）17個兄弟之一，什葉派對伊瑪目的重視，連帶他家人的墳墓也會成為聖地。這是舍拉子最重要的地方，相機、手機都不可以帶進去，而且規定女生一定要穿恰朵才能入內。進去之前，還得檢查是否攜帶了違禁品。我和小玲有帶我們自己的恰朵，可以進去，本想趕快看一看換育胤她們兩個，沒想到寄物處的阿伯用對講機請人送了兩件過來，讓她們得以順利進入。裡面不能照像，只能用寫的來描述，不過能寫的不多，就一整個金光閃閃、金壁輝煌。裡面用了大量的鏡子裝飾，可以說在伊朗沒有看過比這裡更多的鏡子，但遠看超像貼滿了錫鉑紙唷！

中庭的東北角有一個博物館，伊朗的博物館門票都不貴，我們所到之處

· （上）乞拉格陵寢外。
· （下）乞拉格陵寢中博物館門票。

大概都會買票進去瞧一下。但這個博物館說真的不是很好看，不看也無所謂。西南角有米爾阿荷馬（Mir Ahmad）兩個兄弟的墓，照樣是充滿了鏡子的繁複裝飾，看到很多人在裡面睡覺，大家也決定要裹著恰朵，倒頭睡一會兒！在伊朗不論是清真寺還是聖人陵寢，都有男女分道。所以我們進來這一邊全是女生，睡覺也不用擔心啦！

· Nasir-al-Molk 中庭一隅。

· Nasir-al-Molk 的祈禱室

清真寺 Nasir-al-Molk

這個清真寺號稱是伊朗南部最漂亮、最值得拍照的清真寺之一，當然得來看一下它有多厲害囉！它建於19世紀末，年代不是很久遠，所以看起來蠻新、蠻漂亮的。由彩色玻璃花窗透進來的自然光線，讓祈禱室看起來很不一樣。這裡沒有像剛剛乞拉格陵寢中充滿炫目的鏡子，但給人別有一番寧靜莊重的感覺。

特別的是它經歷多次地震都沒有毀壞，秘密不是有神蹟，而是在建築時，於牆壁及柱子上都加了木塊。木塊在震動時，形成了可變形的緩衝材，成功地讓這個清真寺至今仍安然的存在。由此可見，當時設計的建築師十分聰明。

晚餐照例又外帶了半隻雞回旅館房間吃，今天還多了Pizza及炸薯條。四個人的旅行，吃不成問題，可以很多樣化，而且伊朗的餐廳也很多，選擇性很高，只有吃飯的時間得適應而已。

門票15000 Rials（AM8：00～PM1：00 & PM3：30～5：00）

· 等待麵餅出爐。

13

Yazd·亞茲·JUL 20/Wed

天呀！
怎麼能這麼熱

亞茲 Yazd

一大早就起床去車站搭車，反正車上還可以睡。在等車時遇到一個由台灣單獨來伊朗旅行的男生，Joseph，他是個英文老師。他說他好久沒講中文了，人也很風趣健談，位置剛好在我和育胤的正後方，大概有一半的路程都在和我們聊天。台灣出國自助旅行的好像女生比較多，很少遇到男生，尤其又是單獨旅行的。他的簽證是寄去香港旅行社辦的，所以有1個月的效期，不像我們在機場簽的，只有15天。他可以篤悠閒的在每個城市住三到四天，而我們每個地方最多只住兩晚。唉！自助旅行「時間」真的很重要，不過15天有15天的玩法，每天都盡可能的充實，也是會收獲滿滿呀！

車子還不錯，有空調，雖然不冷但至少不必忍受自然風。這一趟搭了六個小時，中間司機只停了一次給大家上廁所，在車上可別喝太多水才好。下車之後，我邀Joseph跟我們一起搭計程車去住同家旅館。KOHAN旅館的中庭很漂亮，但住的人不多，櫃台小姐給我們一間好

· 寬敞的房間。

· Kohan 旅館漂亮的中庭。

寬敞的四人房，含衛浴、冷氣、冰箱，一晚只要40萬Rials。而Joseph
給他雙人房，只收他20萬Rials，這個價格實在是十分優惠呀！

問了櫃台小姐去卡拉納克（Kharanaq）、恰克恰克（Chak Chak）、
阿達坎（Ardakan）及梅巴德（Meybod）的行程，她說叫一台計程車
90萬，時間從早上八點到下午四點左右結束。我跟她說五個人坐計
程車太擠，請她問小巴的價格，結果竟然也是90萬，那當然選坐小
巴囉！

既然如此，下午就得趕緊去幾個市區的景點瞧瞧。亞茲這裡的天氣
特別的熱，比之前去的地方都還要熱，真的蠻恐怖的，難怪沒看到
什麼遊客。從旅館走出來的時候，大家都很努力的記路，很怕等一
下找不到路回去，這裡的房子都長得很像，真的很容易迷路。

·水博物館入口。

·在地下室的蓄水池。

·閃亮的裝飾可知以前是豪宅。

水博物館 Water Museum

博物館外面的招牌超像Pub或Motel的霓虹燈，很難跟博物館聯想在一起。門票總算有點創意了，貼下來做紀念。之前因為一再拿到長得一樣的票，根本就不收集了。博物館裡介紹如何引水灌溉及一些早期使用的器物、老照片，都有英文解說可以看得懂。裡面有一道長階梯可以下到一個蓄水池，溫度比外面低很多，早期人們就在蓄水池上方儲藏食物，以延長保存的期限。

門票：10000 Rials
Open：AM8：00～PM7：00

恰赫馬克建築群 Amir Chakhmaq Complex

在市中心的廣場上有一個三層樓高的牌樓，是在紀念死去的伊瑪目何塞因（Hossein）的儀式時使用的，是伊朗國內前幾大的。牌樓前有一個節慶用的木製大轎，稱為納哈爾，在亞茲許多博物館都可以看到大小不等的納哈爾，這也是一個其他城市沒有的特色。

· 沙漠地區水很珍貴。

今天走在路上，因為身邊有個男人，有些想跟我們
搭訕的人，終於逮到機會可以跟我們說到話了。在
伊朗，如果我們不主動上前攀談，他們這裡的男人
（生意人除外）不太會主動跟我們說話，只會一直
看著我們。不過，也有另一種情況例外，就是男人
身邊的女士想跟我們說話或是拍照時，她會請男人
代表她過來詢問我們的意願，這個男人才有正當的
理由來跟我們說話。

當我們在牌樓前拍照時，遇到一群男人也在拍照，後
來他們竟然過來要Joseph跟他們合照，還非常親密的
跟他勾肩搭背。當然這只是第一步，接下來他們問
Joseph我們四個女生是誰？Joseph說我們都是他的姐

妹,而且全都已婚!我看他們嚇得下巴都快掉下來囉!不過話雖如此,外國妞對他們還是有很大的吸引力,他們還是想跟我們照像。在我們搖頭之後,Joseph就擔任起發言人的角色,拒絕他們了。其實,拍張照是沒什麼,但是他們一群都是男的,我們怕拍照時會被趁機吃豆腐(亂摸)。如果有女士一起的,我們比較不會拒絕他們的要求。

亞茲市集

傍晚六點,店家紛紛開門營業,看來這裡的氣候下午六點才開始是人們可以出門的溫度吧!隨便亂走,走進了金飾一條街,中東這幾個國家的人好像都蠻愛金飾的,不過,看顏色好像不像我們的999純金,伊朗的金飾都很有設計感,真想打包一些回家。

・賣糖的店

DAY

14

Yazd · 亞 茲 · JUL 21/Thu

神秘的
拜火教重鎮

一日遊

一大早匆匆忙忙吃完早餐，司機就來
了，開了那麼大台的廂型車，竟然還
鑽進古城的小巷子裡，也難怪牆壁上
一堆被後照鏡刮傷的刮痕。旅館小姐
跟我們說司機會說英文，但實際的情
形是根本不會！算了，只要他能把我
們載到對的地方，說對地名，其他的
我根本不期待。

卡拉納克 Kharanaq

這是一個離亞茲約70公里的古城，
城裡的房子是用燒製的泥磚蓋的，外

面再覆蓋上由泥土、稻草、小石頭的混合物來填補空隙及黏合。大部份的房子據信有1000年以上的歷史，最老的可能接近4000年。顯然，這種就地取材的建築工法源自於十分古老的智慧。城中目前已無人居住，有一座十七世紀的搖晃塔樓。這座塔已經過修復，不再可以搖晃了，不過細瘦的塔是經由一窄小的迴旋梯登上，體型太大或動作不靈巧的人，不容易爬上去。裡面沒有燈，要爬上去的人要拿好手電筒，不可背包包（會卡住）。上去之後，可以看到卡拉納克古城的全貌，視野很好。古城雖然不大，走走看看，還要拍照、登高塔約需1.5至2個小時。

· （上）穿過進入卡拉納克古城，就像回到過去一樣的感覺。
· （下）開始進入沙漠區。

‧卡拉納克古城，全是泥土屋。

恰克恰克 Chak Chak

車子在沙漠中開了好久一段，最後開上了一段很爛的山路，停在1個依山而建的山城前。司機要我們往上爬，上去的階梯很陡，有一段兩旁並無可供遮蔭的大樹，簡直快烤焦了。才爬到一半，我就想搬出我常用的一句：「你們上去吧，我在這裡等你們」。但是，在路旁的牆壁上看到馬茲達的牌子，再加上聽到下來的人說上面有小火，這可真的得認真爬上去看。爬上去後才知道這裡是恰克恰克，根本不是我們以為的阿達坎。幸好我沒偷懶，這可是今天的重點咧！

恰克恰克是拜火教的聖地，因為傳說薩珊（Sassan）王朝的公主為了躲避追兵，在此向阿胡拉・馬茲達請求，結果在公主前的石壁就分開來，讓她遁入其中。聖地以兩扇金光閃閃的大門保護著，裡面的小火盆上有終年不熄的碳

火。我們進去時，看守火的白袍阿伯還拿香料讓我們灑在碳火上。火盆的週圍有12個花瓣型的容器，阿伯拿了香讓我們點著後去插在裡面，不同月份生日的，要插在不一樣的位置。

牆壁上的油燈也是常年點著的，容器也被長久的燻烤留下黑色的油漬。此地之所以重要的另一個原因是有水源，為了保護源頭，目前不讓人接近，只能憑藉水面在牆上形成的反光及水的滴答聲得知有水源。除此之外，還有一棵4000年的大樹也屹立

終年不熄的碳火。

4000年的大樹與碳火看守阿伯。

常年點著的油燈。

不搖的生長於此。拜火教不只是注重火而已，他們也同樣重視水、風與土這些元素，不難想像在沙漠地區能同時擁有這些元素有多困難，也難怪這裡是聖地了。

顧火的阿伯好像特別喜歡我，一直叫我去那邊、去這邊的，還要我跟他合照，臨走前還抓了一把路旁樹上的胡椒粒給我。大家說因為我就算聽不懂也會跟阿伯點頭還有傻笑，還會重覆他說的話，原來這也是討人歡心的方法哦！

離開恰克恰克，天氣越來越熱，阿達坎只是路過，車上觀光而已。司機直接把車子開到梅巴德的餐廳讓我們吃中餐，順便休息一下。

梅巴德

梅巴德市中心有四個小景點可以看，分別是：石榴堡（Narein castle）、冰屋（yakhclan）、古郵局（post house）及鴿舍（pigeon tower）。

・風塔。

不過石榴堡沒有開，不知道是中午休息還是怎樣，我們要司機在旁邊的小土堆停車讓我們拍張照，至少來過了。至於古郵局，司機是先去旁邊的地毯編織展售中心找人拿鑰匙去開門。郵局裡有一些老照片及以前郵政器物的展示，有英文解說牌。最有趣的是，以前人秤郵件竟然是以「鳥」的重量，或是以「母雞」為單位來計價。

看完古郵局後，開門的阿伯又把門鎖上了，要我們去看地毯，這裡展示有五、六百年前編織的地毯及地毯編織機。阿伯示範織地毯給我們看，每拉一條線，就得用釘梳把線拍實，才可以繼續下一條線。神奇的是阿伯如何做出這些圖案呢？也沒看見他有看圖或是什麼，就一條接著一條一直做下去，真的很厲害。

接下來的冰屋就在對面，大門一樣深鎖，但司機拿好鑰匙，自己帶我們過去。這個地方不用門票，裡面很大卻不易拍照。在門口前方有一個淺池子，在冬天前讓水流進來，利用冬天低溫時讓它結冰，再把冰塊搬進室內存放。上方有很高的土牆圓錐頂，可保持一層厚厚的空氣，空氣是很好的保溫物質，可以隔絕外面的熱，讓夏天也可以有冰塊可以使用。

· （上）地毯展示中心外一景。
· （中）冰屋。
· （下）冰屋前的淺池。

然後，我們鴿舍不知道怎麼的消失了，是沒有開還是司機不知道有這件事？算了，我們也懶得問了，反正問了他也聽不懂，回旅館休息吧！回到旅館五點多，很充實的一天行程。

· 亞歷山大監獄裡的茶館 ·

亞歷山大監獄
Alexander's Prison

時間緊湊的我們可不能這樣就休息了，接著目標旅館附近的亞歷山大監獄。途中竟然在小巷子裡發現一家製做小提琴的店，育胤她們三個學音樂的，眼睛立刻為之一亮。裡頭的師傅招手要我們進去參觀，還招待我們喝茶、吃點心。他的女徒弟會說一點點英文，她告訴我們，因為師傅年輕的時候想買小提琴，但他爸爸不買給他，於是他就自己做了一把琴，從此之後便投入製琴這個工作。

號稱亞歷山大的監獄其實是15世紀的一個有圓屋頂的學校，中庭的深井為亞歷山大大帝所興建，據傳言可能是用來監禁犯人的土牢，而有此名稱。但裡面沒啥特別好看的，全都是紀念品店，深井則已改建為一個茶館。

在隔壁則是一個十一世紀早期的建築——十二伊瑪目之墓（Tomb of the 12 Imams），這也是全亞茲最古老的建築。它的名稱來自於裡面曾有一塊寫有什葉派（Shiite）伊瑪目們名字的碑文，但實際上並無任何一個伊瑪目埋葬在這裡。

· 亞歷山大監獄中庭 ·

DAY 15

為什麼到處都缺水？

Esfahan · 伊斯法罕 · JUL 22/Fri

巴士誤點

早上吃完早餐，請旅館幫我們叫計程車到巴士總站，等到8點，我們的車卻一直沒來，有一堆人都在等這一班。車子一直到八點四十分左右才來，雖然也是三排座位，但無法躺得很平，因為一車的位置較多，前後空間較小。看來還是賓士VIP車最高級，這種 SCANIA 的VIP車只能算是第二名的。

從亞茲到伊斯法罕只開了四個半小時，中間竟然一次也沒停車給大家上廁所，搭車前還是別喝太多水才好。車上有發點心及飲料，車資和賓士VIP差不多。一下車，天氣雖然熱，但比亞茲好太多了，把伊斯法罕擺最後是對的，可以過幾天較舒適的生活。

八個天堂皇宮
Hasht Behesht Palace

星期五很多地方都休息，我們先去這個就位於我們旅館對面公園裡的八個天堂皇宮。在這麼炎熱的夏天，能在這一大片的森林公園裡，的確是宛若天堂。皇宮本身並不特別大，1660年代興建的，裡面有一些斑駁的馬賽克畫。露台由幾根木頭柱子撐起，上面並綴有裝飾用的鏡子。

· ① 亞茲巴士總站。
· ② 皇宮外游泳池。
· ③ ④ ⑤ 八個天堂皇宮。

·伊瑪目廣場。

伊瑪目廣場 Imam Square, Naqsh-e Jahan Square

本來想先去看舊發區（Jolfa）的亞
美尼亞教堂（vank Cathedral），
搭了計程車過去才知道星期五下午
休息，只好改變行程先殺回伊瑪目
廣場，就算清真寺沒開，至少可以
先在廣場拍拍照。伊瑪目廣場建於
1598～1629年間，時值薩法威王朝
（Safavid）的阿拔斯一世（Shah
Abbas I）。長508公尺，寬160公尺
是全世界僅次於天安門的大廣場，於
1979年列入聯合國教科文組織世界
文化遺產中。果然，伊瑪目清真寺沒

開，真是恐怖星期五呀！遠遠看到阿
里宮（Ali Qapu Palace）上有人，趕緊
去瞧瞧。

阿里宮

這個皇宮其實不小，但也在整修當
中，只開放面對廣場這一側的塔樓。
沿著很高大的階梯爬上塔樓上的陽
台，居高臨下看著伊瑪目廣場，視
野相當好。還可以順便欣賞伊瑪目
清真寺及正對面的羅特弗拉清真寺
（Sheikh Lotfollah Mosque），它們都
好漂亮唷！

羅特弗拉清真寺

建於1602年至1619年間,阿拔斯一世（Shah Abbas Ⅰ）為了獻給他岳父——羅特弗拉（Sheikh Lotfollah）而命名。裡面的圓頂特別的漂亮,明明是黃色的線條,在透過小孔進來的光線下,全都成了金黃色的。設計的人真是天才,才能把光線巧妙的運用整體的色彩上,再配合屋頂及週邊開孔的位置才成就眼前這麼特別的清真寺。清真寺看多了,開始出現倦怠感,因為都差不多,幾乎都是以藍色瓷磚為主。瓷磚上都綴有繁複的花紋、幾何圖案,雖說數大便是美,但線條太多時,不免也令人心煩氣躁的。

圓頂外層據說會隨光線變化顏色,由白天的奶油色轉變至夕陽時的粉紅色,不過我只覺得顏色像膚色而已,沒有想像中的粉紅。

這個清真寺還有一點不一樣的地方,就是它沒有中庭也沒有尖塔,上階梯後就直接進到裡面了。推測可能以前並不是拿來給大眾禮拜用的,而是專門讓國王後宮的女人做禮拜用的。

①	③
②	④

· ① 伊瑪目廣場上的噴水池。
· ② 羅特弗拉清真寺內。
· ③ 羅特弗拉清真寺外觀。
· ④ 光線照射下顏色是金色的,十分華麗。

· （上）Iran Hotel 的餐廳。
· （下）寬敞的五人房。

IRAN HOTEL

我們在伊斯法罕住的這家旅館，位置很不錯，走去伊瑪目廣場、市集都不遠，房間又大又舒適，有很涼的冷氣、寬敞的衛浴、電視及冰箱。櫃台的每個服務人員英文都會說一些，也都很親切，可以幫忙叫車或詢問旅行相關的資訊。

大家走回旅館都決定先昏倒一下，雖然整個早上都在坐車，也沒做什麼，還是覺得很累。伊朗真的地方很大，隨便坐個車動輒四到五小時，還常常會搭到夜巴，對體力是蠻大的考驗。

沒水的三十三孔橋
Si-o-Seh Bridge

伊朗今年似乎各地都缺水，從開始
到現在這幾個都市看到的河都是乾
的，無法看到像明信片上有美麗倒
影的三十三孔橋。但說也奇怪，如
果真的缺水，為什麼公園還是拼命
澆花、灑水，也沒看到有人特別節
約用水？

往三十三孔橋的路上，白天沒開的店
全都開了，街上人潮洶湧，好多都是
出來約會的情侶呢！點上燈的三十三
孔橋別有氣氛，橋上、橋下都有不少
人，麗榕認真的把橋下的孔給數了一
遍，的確是三十三個沒錯。

· 三十三孔橋。

·三十三孔橋。

DAY 16

Esfahan · 伊斯法罕 · JUL 23/Sat

我愛超市

鍾班塔 Manar Jonban

鍾班塔其實是一個十四世紀受人尊敬的苦行僧——阿慕阿布杜拉（Amu Abdollah）的墳墓，距離我們旅館（市中心）約七公里，可以在旅館下一個路口搭1號公車前往，票價1000 Rials。鍾班塔的意思為「搖晃的尖塔」，其實這裡的兩個尖塔是十七世紀才加上去的，當搖晃其中一個塔時，另一個塔也會跟著前後搖晃。這邊9點開門，但10點才有搖塔的表演，每天的場次不多，分別為10：00、11：00、12：00、13：00、16：30、17：30及18：45。每次表演約三分鐘左右，搖太久恐怕早晚有一天把它給搖垮了吧！

看完表演之後，立刻跳上公車搭回旅館，請旅館櫃台的先生幫我們寫超市名字的波斯文，並叫車去亞美尼亞教堂，這樣我們可以在12：30教堂關門後直接殺去超市購物。根據上次去約旦的經驗，大型超市雖然遠一點，得搭計程車來回，但它的東西有品牌且價格清楚，是一個買紀念品及名產的好地方。

· 鐘班塔。

亞美尼亞教堂 Vank Cathedral

門票很貴要30000 Rials，裡面只可錄影不可拍照，而且必須是攝影機才可以。我們的照相機雖然都有錄影功能，卻不行錄。裡面的濕壁畫真的超棒，這個教堂應該可算是伊斯法罕第一名必推的地點。每一幅畫都有簡略的英文說明，故事有新約聖經也有舊約的，我們四個人果然厲害，一點一點拼湊出幾乎全部的故事了，自己負責導覽。

· 亞美尼亞教堂門口。

· 亞美尼亞教堂中庭的鐘樓。

· 教堂入口對面的噴水池。

參觀完後，本想在紀念品販賣部買一份張貼在裡面的簡介，但竟然沒有賣。想買張拍照的明信片竟然也沒有，只有用畫的，好假。這讓我覺得和雷薩阿巴斯博物館一樣的遺憾！也好啦，不去的人就看不到，說不定這才是伊朗政府的政策。

超市購物

其實旅館介紹我們來的這個地方是一個購物商場，除了有超市之外，也有一家餐廳及賣衣服、鞋子、傢俱等的櫃位。我們午餐就在它唯一的一家餐廳吃了，是一家土耳其餐廳，它的東西還不錯，價格較外面稍高一些，也還可以接受啦！

我們在超市買了伊朗的巧克力、番紅花冰糖、茶包……等，成份標示清楚、包裝完整，應該比較不會買到有問題的東西吧！雖然這購物中心號稱可以刷卡，但我的master卡卻不能用，收銀員一直問我安全碼是多少？鬼知道咧，在台灣從來也不需要，不就刷了簽名就好了嗎？跟她說沒有密碼也刷不過，只好放棄，把身

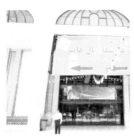

‧超市入口。

‧伊朗巧克力。

‧超市買的茶包,有伊朗製的,也有進口的。

上的錢全拿出來付。信用卡在伊朗不能用這件事還是沒變的呀!不過我相信這遲早會變的啦,伊朗一直在進步、改變當中,也許過兩、三年後再來,它又變得很不一樣。舉例來說,很多書都說伊朗沒有可口可樂,來之前我特地喝了不少,以免來這裡時想喝卻喝不到。可是第一天去吃飯就看到可樂了,還有雪碧、芬達、百事可樂跟七喜,而且到處都有賣。

伊瑪目廣場大血拼

回旅館放東西並休息一下,就準備再度出發去血拼了,今天是購物日,把要買的東西買好,晚上才能打包行李。

第一家我們去了賣細密畫的店,這家在LP上有介紹,小姐英文很溜,常賣觀光客唷!她先跟我們介紹細密畫的底材,底材大抵來說有三種:象牙、駱駝

骨及紙。價錢以象牙最貴，當然還得看畫功，師傅跟徒弟畫的細緻度不同，價錢也不同。所有店內的物品都有編號，小姐手上有張編號與價錢的對照表，付現金可以打八折。

我一直都好想買一幅細密畫回家，認真的把店裡櫃上的畫都看一遍。練眼力果然重要，我挑到一幅大師的作品，角落有他的簽名，另一幅也是不錯的作品。他們名片上的那個人就是大師，目前已經七十幾歲了，移民去美國了，這家店是他的女兒在負責。真的要仔細看，畫東西不是畫得小就好，要細緻、傳神才是好作品。最後，我買了兩幅畫、一個小珠寶盒及一個可以放香水或是眼線液的瓶子，一共花了我190美元。希望今天血拼的東西可別比這趟旅費還貴才好！不過我覺得，既然要買回家收藏、做紀念，還是買精緻一點比較好。

路上很多店都有賣藍色的盤子或瓶子，也很想買一個回去，因為很有伊朗清真寺的感覺。唯一的顧慮就是會不會摔壞？當我們走進一個阿公的店裡，阿公拿東西出來敲，我們才知道原來這些都是金屬，根本

不是瓷器。接著阿公還拿螺絲起子在上面刮，表示它也刮不花，十分適合買回家。但是遠看還好，近看作功不細緻，閃人！

後來有看到一家不錯的，我和麗榕各買了一個藍盤子、育胤買了可以當鍋墊的磁磚。這裡不論在哪一家買都可以殺價，而且別客氣的殺，因為整個伊瑪目廣場周圍一圈都是這些手工藝店，這家沒買，下一家還會有。例如，育胤和我想買時鐘，找了好多家都不怎麼樣，最後看到一家的數字是波斯文的，他開價一個58美元，我直接跟他說兩個80元，只見他計算機按了半天，105、90，但我就堅持80，接著我就說走人了，買不到就算了。當我們走到隔壁兩家店時，他追出來說80元OK！殺價就是要這樣，你可買可不買時就會殺價成功；若是有執念一定要買時，你就會被拉著一直加價。好了差不多就好，再這麼買下去恐怕帶不回去，時間也晚了，回旅館打包吧！

· 手工銅器店。

· 香料店。

· 伊瑪目廣場周邊的商店街。

DAY 17

期待上飛機後的大解放

四十柱皇宮
Chehel Sotun Palace

這個皇宮其實離我們住的旅館不遠，但是我們一直不知道它的入口在哪裡，今天繞了快一圈才找到現在的入口，原來已改至Ostandari街另一面，藝術博物館旁邊。這個皇宮建於1614年，但遲至1647年才完工。後來皇宮經歷大火，1706年才重建為現在看到的樣子。

皇宮前的陽台由20根木柱撐起，加上在前面的長水池裡的倒影，而有40柱皇宮的稱號。裡面有精彩的壁畫可以看，特別的是竟然有露胸部的女性畫像，在這保守的國家看來特別奇怪。因為陽光方向的關係，如果想和漂亮的柱子及倒影拍照，最好安排上午前來唷！

壁畫

期待上飛機後的大解放　　　Esfahan 伊斯法罕　　　DAY 17　　　105

・四十柱皇宮。

・戰爭的壁畫。

・數的出來嗎？一共有四十柱！

· 伊瑪目清真寺入口。

· 可聽到超清楚回聲的地方。

· 伊瑪目清真寺的大圓頂。

伊瑪目清真寺

來了第三次終於看到它開門了，裡面真的好藍、好大唷！這可是全世界最棒的清真寺之一，一定得來瞧一瞧。

一進門就看到中庭搭了篷架還有吊扇，前兩天大概有什麼活動才不開放吧！清真寺裡面有好幾個聖龕（Iwan），但前面該有的地毯全都一卷一卷的被捲到兩旁。也好啦，這樣就不必脫鞋子了。

在大圓頂前下有一塊不同的地板，站在這塊地方說話可以很清楚快速的聽到自己的回聲。感覺很有趣，幾乎大家都會去試試看。在圓頂旁有一個小博物館，介紹伊瑪目的，但只有波斯文及照片，猜不到是什麼內容。雖然如此，在這一側可以清楚的拍到圓頂及尖塔，角度不錯唷！

我們的伊斯法罕行程就結束在這個美麗的伊瑪目清真寺了，快步走回旅館梳洗一下，就乘著計程車到了巴士總站。我們坐的是Royal Safar Irania（白馬牌）的VIP車，十二點半準時出發了。其實，這也是一班往德黑蘭

- （上）伊瑪目清真寺全貌。
- （中）伊瑪目清真寺入口左側，牆面也有漂亮的瓷磚裝飾。
- （下）伊斯蘭教禮拜用的摩夫爾。

的車，只是其他巴士公司不會彎進機場，而這一家有。一路空調不冷的情況下，下午五點半如德黑蘭旅館老闆告訴我們的時間，我們抵達了伊瑪目何梅尼國際機場（IKIA）。

伊瑪目何梅尼國際機場 IKIA

這個機場必須所有行李都先過X光機，還被全身摸透透，才能進到Check in的櫃台那邊。不過我們的飛機是23：00的，櫃台要20：00才會開始辦理Check in的手續，我們就被困在櫃台這個毫無商店的區域，進退兩難。

19：45櫃台人員就位，本以為可以Check in了，結果小姐說台灣、韓國人得去旁邊等她們的主管，行李可以留在櫃台前。為什麼會這樣？我們就這樣在旁邊的超重行李櫃台前罰站。話說亞航秤行李可真嚴格，超過你買的行李重量就是得補行李超重費用。有一個先生超重70公斤，付了80美元，搞不懂他是帶了些什麼竟然可以這麼重？

等到主管出現，我知道應該是沒有馬來西亞簽證的關係，但是我們可以過的來就可以回的去呀，真不知道伊朗人到底在想什麼？更何況，我們應該也不是搭亞航的第一例，櫃台小姐才會一看到就叫我們去旁邊等等，為什麼不能依往例處理就好？該說他們腦袋僵硬還是處事認真？主管人員要求我出示馬來西亞回台灣的機票，看到我的日期只差1天，知道我只是要轉機。他問我之前有停留馬來西亞嗎？我給他看馬來西亞入出境日期那一頁，說明我們曾在那住了兩晚，就這樣我的OK了。輪到育胤，他看了回程的日期不同，問了她在馬來西亞要住哪裡，其實就問問題而已，也沒被刁難啦！

搞定行李之後，就趕快排隊通關，八點多正是伊朗人的晚餐時間，只開了一個櫃台，排了很長的人龍。偏偏這邊的人很不會排隊，明明應該排成一排，但他們就會排成一團，亂七八糟的。就連路上明明只有五線道，他們的車子就是會排成八排，超神奇的。大概也是這樣，路上的分隔線根本沒用，有些路上甚至把這些白色的分隔線都塗銷了。關於伊朗的交通，實在是太奇妙、太瘋狂了，相信去過的人都會同意。

我相信他們的政府十分清楚狀況，所以護照查驗處不像我們只畫了一條黃線而已，而是做了電動閘門，而且，開的幅度只容一人通過，如此一來，到閘門前就會多排合為一排了，超妙！後來終於多開了幾櫃，但速度也只有加快一點點，搞不懂就一堆要離境的外國人，護照蓋個章也要搞這麼久？大部份國家不是都在入境審查才會比較嚴格嗎？出境有必要看那麼久嗎？還好我們很早到機場，若是有人只提早兩個小時或是更短，現在肯定急死了！從我們排隊Check in行李，一直到海關蓋完出境章，花了近兩個小時的時間，離登機時間剩40分鐘左右。機場裡的免稅店不多，仍然不能刷卡，可以在這裡把剩餘的錢花光。若是不夠現金，一進來那裡就有一個匯率不佳的換錢處，只是換小額也沒差多少啦！不過大家對這些店也沒有多少期待，最期待的應該是上飛機之後的大解放吧！終於可以不用再包頭巾囉！

DAY 18

差點得睡機場

Kuala Lumpur・吉隆坡・JUL 25/Mon

上飛機這個時間剛好睡覺，只是冷氣好冷，我隔壁的先生跟空服員買了毛毯。十二點多，被叫醒吃晚餐；凌晨四點（台灣時間07：30）又被吵醒吃早餐。這一段真的很怪，來回我都沒訂餐，卻都有餐可吃，吃的也跟有訂餐的人一樣，亞航真的好奇怪。說到這，還好我印機票時沒偷懶只印有條碼那一張，而有印了付款明細那一頁，因為這一頁有顯示你所有加買的附加服務：例如巴士、餐點、行李重量、電話卡等資訊，所有附加服務都需要拿這一張跟他們要。

八個小時的航程感覺咻一下就過去了，顯然在伊朗被訓練的不錯，八小時對我來說已經不算什麼了。到了吉隆坡，下機前機長廣播說27℃，對我們而言真是太開心了，因為LCCT這個機場沒有空橋，下機得自己走進航站，所以一出機艙我們立刻感受到濕度很高的空氣，雖然不覺得很熱，但這27℃怎麼跟伊朗的40℃感覺差異不大！

再次入境馬來西亞，不過這次海關並沒有在我的護照上貼小紙片，也沒叫我按指紋，但是其他三個人都有按指紋，不知道是不是我在入境卡上勾「轉機」的原因？因為明天的飛機是早上10點，本想去住機場旁的Tune Hotel，坐了接駁車到那裡才知道都客滿了，櫃台人員說至少都需要一個星期以前預約才會有房間唷！只好再回市區去住YMCA了。

回家囉！

Taipei・台 北・JUL 25/Tue

關於這趟伊朗行，就寫到這裡吧！我想，有機會我還會再去伊朗一趟，有好多有趣的地方十五天根本走不到。至於會不會建議別的旅行者去延簽，待更久一點呢？我想也不必要！這麼熱的天氣，兩個星期也差不多了，還有令人困擾的頭巾呢！分次來可以看到一個國家轉變的過程，每次來都會有不同的新感受。

自助旅行要盡量保持心情愉快，凡事多往好的方面想，不要一直想不好的那一塊，為什麼要寫這一段，因為我們旅途上遇到了兩個台灣的單獨旅行者，兩人差異很大，一個很快樂，一個很不滿。快樂的人也會抱怨：書上、部落格裡大家都把伊朗寫的好美好，都沒有寫出不便的地方，但我反問他，這些不便是不是也有讓他得到一些其他的經驗，例如熱心的伊朗人給的協助？他說有，而且有一些令人難忘的回憶！

不滿的人一直抱怨說：計程車司機很

壞、旅館的人很壞、伊朗人很爛都不會說英文，甚或是她和某某某吵架……等。令我奇怪的是，在這裡她有這麼多的不愉快，為什麼不趕快離開算了？是天生個性如此還是她旅行累了？

我想，去到一個陌生的國度，尤其又是語言不通的地方，旅行的不便是一定有的。要求別人能和你溝通是自私的，應該是自己要設法跟當地人溝通。我和我的旅伴們沒有一個人會說波斯語、也沒有一個人看的懂，但我們這十五天都很快樂，我們用比的、用演的，再加上傻笑，配合LP上我們唸的亂七八糟的波斯語，我們完成了這趟旅行。這之中我們沒有走丟、沒有坐錯車、沒有露宿街頭、沒有餓到肚子，這樣會有不愉快嗎？

第一次到中東國家旅行的人必須想通，行前不必要把每天的行程排好，依據我們的經驗，計畫永遠趕不上變化，只要有粗排了一下，讓自己

有個譜就好。到了伊朗，我們的大致行程就改了二遍，更別說每天的計畫。後來大家都習慣這種情形，所以我們總是住在同一間房間，睡覺前討論明天去哪裡，還有備用地點是什麼。並且每天都有人幫大家朗讀關於明天要去的地方，手邊的資料上有些什麼樣的介紹。

相信我，伊朗很好玩，如果擔心，結伴去吧！多個人多顆腦袋，可以一起幫忙想、幫忙猜、幫忙配音（聽不懂時，我們就自己配音，很搞笑吧！）。在伊朗，女生旅行的難度比男生低，因為我們可以問當地的男生、女生皆可，但男生只能問男生。偏偏他們的教育程度女生普遍比男生高、英文講得好的也以女生居多。除了天氣熱跟包頭巾外，我非常喜歡這個國家。

我們的
行程規劃

日期	地點	行程	人數	旅館費用
7/8	台北→吉隆坡	飛機日、住YMCA	2人	118RM（NT.1200）
7/9	吉隆坡	市區觀光、採買頭巾、住YMCA	2人	118RM（NT.1200）
7/10	吉隆坡→德黑蘭	領簽證、住Mehr Hotel	4人	65萬
7/11	德黑蘭→阿達比	辦Irancell SIM卡、Golestan 皇宮、珠寶博物館、搭夜巴	1人	夜巴：德黑蘭→阿達比：12.5萬
7/12	阿達比	市集、七眼橋、三眼橋、茶館、住 Negin Hotel	4人	73萬
7/13	阿達比→大不里茲	阿達比：沙伐歐丁陵墓複合建築、5hr車程到大不里茲、遊客諮詢中心、住 Hotel Mashhad	4人	25萬
7/14	大不里茲	買車票、城堡、藍色清真寺、亞塞拜疆博物館、市集、星期五清真寺、制憲紀念館、訂製恰朵、住 Ghods Hotel	4人	78萬
7/15	大不里茲→德黑蘭	包車一日遊：舊發——聖史帝芬教堂、坎多凡奇岩區（1人USD.18）	1人	夜巴：大不里茲→德黑蘭 17萬

日期	地點	行程	人數	旅館費用
7/16	德黑蘭	德黑蘭地鐵、巴列維皇宮、伊朗國家博物館、住 Firouzeh Hotel	4人	65萬
7/17	德黑蘭→舍拉子	雷薩阿巴斯博物館、玻璃與陶瓷博物館	1人	夜巴：德黑蘭→舍拉子25萬
7/18	舍拉子	包車半日遊：帝王谷、波斯波利斯（5小時，45萬/車）、住SASAN Hotel	4人	70萬
7/19	舍拉子	城堡、哈菲斯墓園、乞拉格陵寢、Nasir-al-Molk 清真寺、住SASAN Hotel	4人	70萬
7/20	舍拉子→亞茲	水博物館、恰赫馬克建築群、市集、住Kohan Hotel	4人	40萬
7/21	亞茲	包車一日遊：卡拉納克、恰克恰克、梅巴德（石榴堡、古郵局、冰屋）（90萬/車）；亞歷山大監獄、十二伊瑪目之墓、住Kohan Hotel	4人	40萬
7/22	亞茲→伊斯法罕	八個天堂皇宮、伊瑪目廣場、阿里宮、羅特弗拉清真寺、三十三孔橋、住Iran Hotel	4人	62萬

日期	地點	行程	人數	旅館費用
7/23	伊斯法罕	鍾班塔、亞美尼亞教堂、超市、伊瑪目廣場商店街、市集、住Iran Hotel	4人	62萬
7/24	伊斯法罕→IKIA國際機場	四十柱皇宮、伊瑪目清真寺、上飛機往馬來西亞		
7/25	吉隆坡	閒晃準備回家、住YMCA	1人	118RM（NT.1200）
7/26	吉隆坡→台北	飛機日		

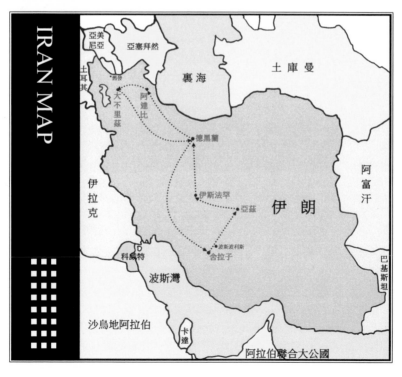

附錄二

百變頭巾。

伊朗是目前全世界唯一的政教合一國家（伊斯蘭共和制），國內每個九歲以上的女性不論你信不信伊斯蘭教都必須要包頭巾，就連外國觀光客也不例外，而且不可以用戴帽子或是穿帽T來取代。既然非包不可，愛美的女性當然會想盡辦法，把自己包得漂亮亮的，我想大家家裡的頭巾應該沒有上百條也有數十條吧！

頭巾的種類很多，有頭套式的馬那、正方形的、長方形的到可以包住全身的黑袍（恰朵），任君挑選，只要有包就好。材質有布的、尼龍的、紗的、緞面的，可以依季節或是喜好來挑選。

其中，頭套式的馬那是最容易穿戴的一種，直接往頭上一套就好，因為很合臉，完全不必擔心走一走會掉下來，通常是學生在用居多，缺點是真的好熱、好緊唷！

正方形的頭巾使用時，一般就把它先摺成三角形，圍在頭上後，在下巴處打結。看似簡單，但是結打太緊、太近下巴，看起來很像開喜婆婆；若是打鬆一點，又打時時檢查，看頭巾有沒有乖乖地還在頭上。當地似乎只有年紀大一點的婦人的會用這一種的方式來包頭。

長方形（圍巾式）地的使用最為方便，隨意地圍一下，看起來就很飄逸的感覺，是所有方式中看起來最漂亮的一種，年輕時髦的女生大都是採用這種形式的。不過我因為要背後背包及相機包，這種飄逸的頭巾不太適合我，會一直拉扯到，所以我整路只能像開喜婆婆的打扮。

也許是被規定的關係，有些伊朗女人應該不是很願意包頭巾，所以都隨便包一下，意思到了就好。所以在路上常可以看到前面頭髮露出一大半，頭巾簡直就是被頭髮勾住而已的象徵性包法。

最麻煩也最傳統的，應該就是穿恰朵了。這多半是信的很虔誠的人在穿的，看起來年紀也都比較大。在鄉下一點的地方穿的人多一點，在城市裡就少一些。一般的清真寺，有沒有穿恰朵都可以進去，但是大一點、重要一點的清真寺，沒穿恰朵就會被擋在門外。恰朵也不是就只有黑色的，其實也有看到花布的，只有能把全身的曲線都包起來，什麼顏色的布都沒有關係。不過，穿恰朵裡面還是有包頭巾，應該是預防恰朵滑落時的保險裝備，和穿安全褲有異曲同工之妙。

話說市集裡有賣裝拉鍊的黑袍，怎麼看都覺得很奇怪，路上也沒看到有人穿，我有試穿一下，超像哈利波特的，根本買不下手。後來訂做之後才知道，恰朵其實根本沒有扣子或是拉鍊，訂做只是按身高做剪裁，並在下襬車成圓弧狀，讓你包起來的時候不會後面太短而兩側太長而已。所以穿的時候必須用手拉著，也有看過有人是用牙齒咬著的，總之非常的麻煩就是了。也難怪在伊朗看到都是男人在抱小孩、提東西，連在外面郊遊時的野餐準備、剎肉、烤肉，也全是男人的工作，女人只要負責把自己包好就好，想想其實也挺不錯的唷！

各式麥子飲料。

在伊朗因為天氣太熱，每天會喝掉不少水，通常我們都在每天回旅館前，去雜貨店買個幾瓶1.5L的大礦泉水（3000～5000Rials）回去喝，並且準備第二天可以帶出門。其實，路上還蠻常見到飲水機的，只是我們比較習慣喝自己帶的水。當然，對於愛喝飲料的我來說，飲料對我比較有吸引力，除了吃飯時喝的可樂與汽水之外，每次去雜貨店，都必買一瓶麥子飲料。伊朗不能喝酒，這個還管得蠻嚴格的，都沒有發現有人偷賣酒。大概也因為如此，取代啤酒的無酒精的麥子飲料還蠻常見的，口味也非常的多，我就喝了檸檬、石榴、草莓、柳橙……等口味，每一種都很特別呢！

釀旅人06　PE0050

 伊朗15天小旅行

作　　者	曹嘉芸
責任編輯	林千惠
圖文排版	陳佩蓉
封面設計	陳佩蓉

出版策劃	釀出版
製作發行	秀威資訊科技股份有限公司
	114 台北市內湖區瑞光路76巷65號1樓
	電話：+886-2-2796-3638　傳真：+886-2-2796-1377
	服務信箱：service@showwe.com.tw
	http://www.showwe.com.tw
郵政劃撥	19563868　戶名：秀威資訊科技股份有限公司
展售門市	國家書店【松江門市】
	104 台北市中山區松江路209號1樓
	電話：+886-2-2518-0207　傳真：+886-2-2518-0778
網路訂購	秀威網路書店：http://www.bodbooks.com.tw
	國家網路書店：http://www.govbooks.com.tw
法律顧問	毛國樑　律師
總經銷	聯合發行股份有限公司
	231新北市新店區寶橋路235巷6弄6號4F
	電話：+886-2-2917-8022　傳真：+886-2-2915-6275

出版日期	2013年9月　BOD一版
定　　價	320元

Printed in Taiwan

國家圖書館出版品預行編目

伊朗15天小旅行 / 曹嘉芸著. -- 一版. -- 臺北市：
釀出版, 2013.09　面；　公分 BOD版
ISBN 978-986-5871-75-8(平裝)

1.遊記 2.伊朗

736.19　　　　　　　　　　　　102015985

讀者回函卡

感謝您購買本書，為提升服務品質，請填妥以下資料，將讀者回函卡直接寄回或傳真本公司，收到您的寶貴意見後，我們會收藏記錄及檢討，謝謝！

如您需要了解本公司最新出版書目、購書優惠或企劃活動，歡迎您上網查詢或下載相關資料：http:// www.showwe.com.tw

您購買的書名：＿＿＿＿＿＿＿＿＿＿＿＿＿＿＿＿＿＿＿＿＿＿＿＿

出生日期：＿＿＿＿＿年＿＿＿＿＿月＿＿＿＿＿日

學歷：□高中 (含) 以下　　□大專　　□研究所 (含) 以上

職業：□製造業　□金融業　□資訊業　□軍警　□傳播業　□自由業
　　　□服務業　□公務員　□教職　　□學生　□家管　　□其它＿＿＿＿

購書地點：□網路書店　□實體書店　□書展　□郵購　□贈閱　□其他

您從何得知本書的消息？

　□網路書店　□實體書店　□網路搜尋　□電子報　□書訊　□雜誌

　□傳播媒體　□親友推薦　□網站推薦　□部落格　□其他＿＿＿＿＿＿

您對本書的評價：(請填代號　1.非常滿意　2.滿意　3.尚可　4.再改進)

　封面設計＿＿＿　版面編排＿＿＿　內容＿＿＿　文／譯筆＿＿＿　價格＿＿＿

讀完書後您覺得：

　□很有收穫　□有收穫　□收穫不多　□沒收穫

對我們的建議：＿＿＿＿＿＿＿＿＿＿＿＿＿＿＿＿＿＿＿＿＿＿＿＿

＿＿＿＿＿＿＿＿＿＿＿＿＿＿＿＿＿＿＿＿＿＿＿＿＿＿＿＿＿＿＿＿

＿＿＿＿＿＿＿＿＿＿＿＿＿＿＿＿＿＿＿＿＿＿＿＿＿＿＿＿＿＿＿＿

＿＿＿＿＿＿＿＿＿＿＿＿＿＿＿＿＿＿＿＿＿＿＿＿＿＿＿＿＿＿＿＿

11466
台北市內湖區瑞光路 76 巷 65 號 1 樓

秀威資訊科技股份有限公司　　　收

BOD 數位出版事業部

....

（請沿線對折寄回，謝謝！）

姓　　名：_____　年齡：_____　性別：□女　□男

郵遞區號：□□□□□

地　　址：_____

聯絡電話：(日) _____ (夜) _____

E-mail：_____